Karl-Heinz Hermsch

Mittelpunkt
der Psyche

(Wie Neuronennetzwerke wirken)

© Karl-Heinz Hermsch 2023

(Überarbeitete Auflage)

Version: Januar 2026

Vorbemerkung

Es gibt u.a. 4 Arten, etwas

zu betrachten.

(Z.B. den Inhalt eines

Sachbuches):

1. Man kann das nicht verstehen.
2. Man will das nicht verstehen, weil es nicht zu dem eigenen Weltbild passt. *(Also nicht zu den Zielen, die dieses erzeugten.)*
3. Man nutzt seine kognitiven Fähigkeiten, um es zu verstehen.
4. Man hat schon vorher geurteilt und meint, alles zu verstehen.

Die Mittelpunkt-Mechanik ist der Kern der Psyche.

Freiheit vs. Struktur durch seine Ziele

Die Schwierigkeit (und Unmöglichkeit) vieler Menschen, den Ablauf der Mittelpunkt-Mechanik zu erkennen, gründet in ihrer Einstellung:

Sie glauben, mit ihrem „freien Bewusstsein" zu bestimmen, was sie aufnehmen - bemerken aber nicht, dass die jeweiligen Ziele mit ihrer

Mechanik darüber entscheiden.

Diese schließt automatisch
aus, was nicht geeignet
scheint.

Der Glaube entstammt der
Meinung, man sei frei, alles
zu entscheiden.

Sollte der Mensch an seiner
alten Vorstellung festhalten,
wird er weiterhin mehr oder
weniger blind durch das Leben gehen; und den Kern
seiner Psyche nicht erkennen können.

Prolog

Um etwas zu schaffen, zu tun, zu handeln, etc. braucht es ein Ziel und die Struktur zu dessen Erreichen. Dies wird von dem jeweiligen Neuronennnetz im Menschen ausgeführt, das vorhanden ist, oder sich dafür kognitiv, bzw. intuitiv bildet und was ich **Mittelpunkt** nenne. *(Das, was im Zentrum der Aufgabe liegt.)*

Je nach dem Ziel kann er sich anpassen oder wird neu erstellt.

Um es durchführen zu können, wird eine Mechanik aktiviert, die das, was nicht zu dem Ziel passt, temporär im Wert reduziert. Dies bezeichne ich als **Mittelpunkt-Mechanik**. *(Die Beschreibung des Ablaufs zum Erreichen eines Ziels mittels eines Neuronennetzes.)*

Dies sollte unmittelbar einzusehen sein; denn wenn alles weiterhin gleichwertig wäre, könnte man sich schlechter anpassen, bzw. speziell auf ein neues Ziel entwickeln.

(Ein Phänomen der Mittelpunkt-Mechanik ist: sie blendet manchmal etwas Wichtiges aus; sieht es einfach nicht – aus Gründen anderer Ziele –, sodass es nicht für die Lösung in Frage kommen kann.

Wenn etwas aber sehr relevant für das Ziel ist, wäre eine Lösung: mit verstärkter Aufmerksamkeit das nicht Gesehene bewusstbar zu machen.

Zur Durchführung braucht es zweierlei: Einmal muss die Psyche in einem selbst die passende Struktur ausbilden

> **– und sie muss die Welt in einem virtuellem Zustand sehen, der einen geeigneten Weg zeigt.**

So funktioniert jedes menschliche Verhalten!

Warum sieht das bisher kaum jemand?

> ➢ Weil souverän entwickelnde und agierende Ziele nicht zum Glauben an den freien Willen und dem Standpunkt, man habe mit seinem ICH die Kontrolle über seine Psyche, passen. (So wird es also über die Mittelpunkt-Mechanik ausgeschlossen).

> Und dass man glaubt, parallel auch in einer metaphysischen Welt zu leben, was einem ein blindes Gefühl vorgaukelt. Dies wird von Wissenschaft-distanzierten Leuten befeuert.

Wer die Mittelpunkt-Mechanik begreift, erkennt die Strickmuster seiner Psyche.

Und wer nicht nachvollziehen kann (oder will), dass Menschen von Zielen – **und nur**

von Zielen – geleitet werden, kann auch die Mittelpunkt-Mechanik nicht richtig wahrnehmen!

Und wird nie in der Lage sein, sich selbst vollständig zu verstehen.

Teil 1 Definitionen

Teil 2 Gespräche

Mittelpunkt-Mechanik

(Ein Schlüssel zur Psyche)

Der Mittelpunkt ist die Struktur, die ein Ziel aus einem macht.

Die Funktion der Mittelpunkt-Mechanik wird aufgrund eines Zieles, das erreicht werden soll, in der menschlichen Psyche erzeugt.

Das bedeutet, dass alles andere, was nicht zu diesem Ziel passt oder es stört, automatisch während dieses Prozesses abgewertet wird.

Mittelpunkte sind Neuronennetze, die von Zielen generiert wurden und diese dann repräsentieren und ausführen.

Sie sind nicht starr, sondern verändern sich ständig durch die An-

passung an die Um- und Innenwelt.

Andere Mittelpunkte (Neuronennetze), die nicht dazu passen, werden,
wie schon gesagt, während dieses
Prozesses vom Gehirn automatisch
im Wert gemindert.

Dies wird in aller Regel von dem
Menschen nicht wahrgenommen.

Er erkennt nur das, was die Mittelpunkte (Ziele) im Gehirn ihm zeigen.

Mittelpunkte bestehen aus weit
über das Gehirn verteilten Neuronen, die viele Areale einbinden und
ein Netz bilden, das dazu dient,
Einstellungen, Handlungen, Vorstellungen

und besonders Gefühle

zu erzeugen.

Gefühle bilden sich, um in ähnlichen Situationen schnell reagieren zu können.
Darüber hinaus entwickeln sie Feineinstellungen für Situationen und Aufgaben.
Und – nicht zuletzt sind sie Wächter des Überlebens.

Seit Beginn allen Lebens wird es von Gefühlen gesteuert.

Deshalb deren starke Rolle; auch in der heutigen Zeit.

Je nach der Flexibilität des jeweiligen Gehirns kommen zu den existierenden immer wieder neue Netzwerke, die sich u. a. durch Anpassungen an die Außen- bzw. Innenwelt (blitz-

schnell oder nach und nach) bilden.

Andere Mittelpunkte werden aus diesen Gründen verändert oder stillgelegt.

Während alles im Universum von Zielen gestaltet wird, denen die Folgen ihrer angestrebten Struktur „egal" sind, kommt bei Lebewesen das Ziel der Erhaltung hinzu (um zu überleben).

Dieses erfolgt im Gehirn durch Netze aus Neuronen, Gliazellen und Synapsen, die ich „Mittelpunkte" nenne. Je nach Art und Individuum werden die Lebewesen von ihnen gestaltet.

Als generelles Strickmuster das Beispiel, wie man Radfahren lernt:

Am Anfang steht das Ziel. Dies erzeugt ein Neuronennetz im Gehirn, um es zu erreichen.

Gleichgewicht, Muskeln, Sehnen, Körperhaltung, psychische Abläufe usw., werden als Unterziele in der benötigten Form ausgebildet, aufeinander abgestimmt und zwischengespeichert.

So werden nach und nach die Fähigkeiten verbessert; man lernt aus seinen Fehlern.

Dies alles wird von den Neuronennetzen gemacht, die sich durch das Ziel Radfahren bildeten und dann weiter ausformen, um das Koordinieren von Körper und Psyche zu erweitern und die Feineinstellungen anzupassen.

Aus dem Netzwerk am Anfang (dem Mittelpunkt Radfahren) sind jetzt weitreichende Verflechtungen geworden. Die, wenn die jeweiligen Unterziele erreicht wurden, dauerhaft gespeichert und zu einem automatischen Verhalten werden, das aktiviert wird, wenn man wieder aufs Rad steigt.

Mittelpunkte entstehen also durch Ziele und sind deren Werkzeug.

Neuronennetze verbinden Areale des Gehirns, wie: Stirnhirn, Hirnrinde, Kleinhirn, Limbisches System, Amygdala, Sprachzentrum, Sehrinde, Hörzentrum, Geschmackszentrum usw., und greifen auf Gedächtnisinhalte und alles, was dazu passt, zurück.

Weiterhin findet ein ständiger Informationsaustausch mit dem autonomen Nervensystem (plus dem somatischen Nervensystem) und dem enterisches Nervensystem (das auch ‚Bauchgehirn' genannt wird) statt.

Mittelpunkte agieren in der Form, dass sie alles zulassen, was dazu beitragen könnte, ihre Struktur – das Ziel – zu erreichen bzw. zu erhalten, und alles andere möglichst nicht berücksichtigen.

Das wirkt dann, in der Regel, unbewusst weiter.

Wem diese Mechanik klar wird, begreift auch viel von der Funktionsweise seiner eigenen Psyche.

Im Allgemeinen spielen die Mittelpunkte miteinander das Konzert des Le-

bens, es laufen viele Prozesse gleichzeitig ab.

Im Extremfall kann aber ein Mittelpunkt alle anderen stark herabsetzen,
sodass quasi nur dieser den Menschen
gestaltet, etwa in Phasen der Panik,
der Ekstase oder wenn man dabei ist,
Höchstleistungen zu vollbringen.

Aber auch in dem Spektrum zwischen
normal und extrem agieren alle Mittelpunkte so, dass sie andere im Wert
einschränken oder verstärken.

Anderen Menschen die Mittelpunkt-
Mechanik klarzumachen ist auch deshalb so schwierig, weil sie immer in
irgendwelchen Zielen sind, ohne es
wirklich richtig zu merken. Sie können
ihre psychologischen Prozesse nicht
sehen.

Was noch weniger wahrgenommen
wird, ist, dass durch das jeweilige Ziel
vieles keine Rolle mehr spielt.

Man müsste vielleicht schon mal die
Erfahrung gemacht haben, dass sich
die Sicht auf die Welt in Bruchteilen
von Sekunden ändern kann, um es
besser zu begreifen.

Den Terminus „Mittelpunkt-Mechanik"
(englisch: midpoint-mechanics) habe
ich geformt, um nicht immer Neuro-
nennetz-Gesetzmäßigkeit zu gebrau-
chen. Er stellt einprägsamer klar, dass
ein Neuronennetz andere mechanisch
im Wert herabsetzt oder verstärkt, je
nachdem, wie gesagt, ob sie für den
aktuellen Mittelpunkt unpassend oder
passend sind.

Und noch ein Hinweis:

> *Die meisten Erklärungen über die*
> *Funktionsweise des Gehirns laufen*
> *darauf hinaus, dass bestimmte*
> *Areale aktiviert werden und auf*
> *Reize reagieren.*

**Aber niemals reagiert nur ein
Areal, sondern es wird immer
ein Neuronennetz (das verschiedene Teil-Areale über Synapsen verbindet) von den Reizen aktiviert, das mit anderen
kommuniziert. Denn es wird
natürlich nicht das jeweils ganze Areal gebraucht, sondern
immer nur ein Teil, das in der
Regel nicht fest begrenzt, son-**

dern abhängig von dem übrigen Neuronennetz ist.

Man könnte es mit dem Zubereiten eines Kochgerichts vergleichen:
Es spielt die Kenntnis und das Wissen eine wichtige Rolle. Also, was man in welcher Menge braucht, welcher Ablauf eingehalten werden muss, was die Hände, bzw. Geräte zu tun haben, welche Energiemenge benötigt wird, ob der Geschmack stimmt usw. All dies wirkt in der richtigen Menge zusammen und bildet das Gericht.

Übertragen auf die Arbeit des Gehirns zum Erreichen eines Ziels heißt das, dass

jedes Gehirnareal einen be-
grenzten Teil beisteuert,
dass das dafür zuständige
Neuronennetz aktiviert, um
zum erfolgreichen Abschluss
zu kommen.

Ebenso wenig, wie die Zuta-
ten usw. ohne Einschränkung
verwendet werden, geht es im
Gehirn zu. Hier führt ein
Neuronennetz die Regie, dort
das Rezept.

Vielleicht helfen zum besseren Verständnis die Begriffe „selektive Aufmerksamkeit" und „Flow". Bei dem
ersten werden von vielen Informationen nur bestimmte wahrgenommen,
die zu einem Ziel passen. Bei dem
zweiten ist man in einem Fließen, das
nur von einem Ziel bestimmt wird und
nichts anderes zulässt, also von nichts
gestört wird.

Beides gilt auch für die Mittelpunkt-Mechanik. Hier kommt aber noch der Hinweis auf die strenge Gesetzmäßigkeit hinzu, mit der die Wahrnehmung eingeschränkt wird. Alles andere wird kaum bemerkt und ist quasi nicht vorhanden.

Es wird also weder irgendetwas negativ bewertet, noch verdrängt (dementsprechend werden davon auch kaum Reaktionen ausgelöst).

So wird der Ablauf durch nichts gestört; man lebt nur noch in der Welt des jeweiligen Zieles.

Ohne die Mittelpunkt-Mechanik würde das Gehirn ins Chaos stürzen, weil keine Ziele mehr dauerhaft verfolgt werden könnten.

Es ist, wie gesagt, relativ selten, dass nur **ein** Mittelpunkt den Menschen gestaltet. In der Regel finden viele Prozesse gleichzeitig statt, die alle nach der Mittelpunkt-Mechanik ablaufen und je nach Wertigkeit für andere Ziele mehr oder weniger wichtig sind. Dadurch bilden sich z. B. bestimmte

Cluster, die gemeinsam Prozesse ausführen.

In einem Satz:

**Je stärker das Gehirn ein Ziel
verfolgt, umso weniger werden
andere Ziele, die nichts dazu
beitragen können, wahrge-
nommen bzw. können wirken.**

Sehr ausführlich ist dies noch einmal im **Gespräch über die Mittelpunkt-Mechanik** am Ende dieses Buches dargelegt.

In diesem Zusammenhang interessant
ist vielleicht auch das mit vielen Menschen durchgeführte Experiment mit
einem Video von 75 Sekunden Dauer,
dass die Wissenschaftler Simons und
Chabris durchgeführt haben und es
„Gorillas in unserer Mitte" nennen:

*Der Film zeigt zwei Teams mit je drei
Spielern, eins trägt weiße, dass andere
schwarze T-Shirts. Die Mitglieder jedes
Teams spielen sich einen normalen
orangefarbenen Basketball durch Werfen oder Dribbeln zu. Nach 44 bis 48*

*Sekunden ereignet sich etwas Uner-
wartetes: Eine kleinere Person, die
vollständig in ein Gorillakostüm gehüllt
ist, läuft auf die gleiche Weise wie die
Spieler durchs Bild. Während dieser
unerwarteten Ereignisse setzen die
Basketballspieler ihre Aktionen unbe-
irrt fort.*

*Bevor die Versuchspersonen ein Video
sehen, erhalten sie die Aufgabe, sich
entweder auf das Team in Weiß oder
das in Schwarz zu konzentrieren und
sämtliche Ballwechsel des beobachte-
ten Teams im Kopf mitzuzählen bzw.
die geworfenen und die gedribbelten
Ballwechsel getrennt zu zählen. Nachdem die Versuchspersonen das Video
gesehen und ihren Beobachtungsauf-
trag erfüllt haben, werden sie gebeten,
ihre Zahlen niederzuschreiben. Anschließend fragt man sie, ob ihnen (a)
während des Zählens etwas Ungewöhnliches aufgefallen sei, (b) ob sie
noch etwas anderes als die sechs Spieler bemerkt hätten, ob jemand anderes im Video aufgetreten sei, schließlich: (c) Hast du einen Gorilla durch
das Bild gehen sehen?*

*Ungefähr die Hälfte der Versuchsper-
sonen bemerkte den Gorilla nicht.*

**Mein Kommentar dazu: Die
vorgegebenen Ziele (die Mittel-**

punkte) haben alles andere (auch den Gorilla) nicht wahrnehmen lassen.

Anhand dieses Experimentes kann man deutlich sehen, wie ein Mittelpunkt – hier die Aufgabe – wirkt.

Und noch eine Anmerkung: Zauberer und Hypnotiseure arbeiten durchweg mit dem Prinzip der Mittelpunkt-Mechanik.

Zum Schluss:

Wer hat sich nicht schon mal gefragt, warum Menschen etwas tun können, das weit über das „normale" Verhalten hinausgeht – in positiver oder negativer Hinsicht.

Die Mittelpunkt-Mechanik ist auch hier der Schlüssel zu deren Verständnis.

Denn damit kann man sich alle extremen

Verhaltensweisen klarmachen.

So, wie alles zwei Seiten hat, ist es auch mit der Mittelpunkt-Mechanik:

Neuronennetze können sich zu (negativen) Komplexen formen, das ungesundes Verhalten anführt und Kritik daran ausblendet, weil es „Wohlfühlzonen" gefährden würde.

Komplexe sind fest geschlossene Einheiten, die nichts anderes hereinlassen; extrem zäh aufÄnderungsversuche reagieren.

Zum Verständnis noch zwei kleine Beispiele:

‣Sie unterhalten sich mit jemandem über ein Thema (sind also in diesem Mittelpunkt). Plötzlich haben Sie das Gefühl, dass der Andere Sie beleidigt.

Dies kann zur Folge haben, dass jetzt ein neuer Mittelpunkt entsteht, der den bisherigen schwächt.

‣Sie sind auf dem Weg zur Arbeit und denken

an die vor Ihnen lie-
genden Aufgaben.

Plötzlich werden Sie
Zeuge eines Überfalls
und sind in dessen Mit-
telpunkt.

Wenn Sie später auf Ih-
ren veränderten Zustand
zurückblicken, werden
Sie feststellen, dass
der Überfall plötzlich
alle vorherigen Gedan-
ken eliminierte. Dieser
neue Mittelpunkt hat
alles andere auf null
reduziert.

Anhang

Nichtwahrnehmung durch die Mittelpunkt-Mechanik vs. Verdrängung

„Wenn man sagt: ‚Ein Mittelpunkt lässt einen etwas nicht wahrnehmen‘, dann trifft man den Sachverhalt sehr viel genauer, als wenn gesagt wird: ‚Man hat etwas verdrängt‘“.

„Ich habe es so verstanden“, fasste *JUSTIN* zusammen: „Ein Ziel will erreicht werden. Dazu braucht es eine bestimmte Struktur. Diese wird aus dem geschaffen, was dafür relevant ist, alles andere bleibt unberücksichtigt. Sollte etwas stören, wird es im Wert herabgesetzt, kann den Menschen also viel weniger gestalten.“

Ich nickte. „Dieses Herabsetzen der anderen Werte geschieht nicht willentlich, sondern mechanisch. Es ist ein gesetzmäßiger Ablauf. Deshalb habe ich es auch ‚Mittelpunkt-Mechanik‘ genannt.

Ein Beispiel: Am 24. März 2015 flog ein Pilot mit einem Passagierflugzeug in den Suizid. Er steuerte das Flugzeug gegen ein Felsmassiv. Alle 150 Insassen riss er mit in den Tod.
Was ging im Kopf dieses Menschen vor?

Die Antwort gibt die Mittelpunkt-Mechanik: Das Ziel, sich das Leben zu nehmen, setzte alle anderen Mittelpunkte (Ziele) im Wert herab bzw. auf null; die bevorstehende Kollision mit den Bergen, die Menschen, die an Bord waren und mit ihm sterben mussten, ihre Angehörigen, die den Verlust zu erleiden hatten, usw.

Auf der einen Seite ist es erschreckend, was Mittelpunkte anrichten können, auch etwa die ungeheuren Gräuel des Naziregimes oder menschenverachtende Taten, die quasi alle Völker verübt haben."

„Oder was einzelne Menschen anderen angetan haben", ergänzte *JUSTIN*.

„Ja. Auf der anderen Seite ist es schön, was Mittelpunkte bewirken können. Zum Beispiel die Liebe, für

Menschen oder andere Lebewesen einzutreten.

„Was kann man machen, um einem
negativen Mittelpunkt zu entkommen,
nicht dessen Sklave zu sein und die
Wahrnehmung zu erweitern?"

„Sich in ruhigen Momenten diesen genau anzuschauen und etwa zu fragen,
welches Ziel dahintersteckt.

Dann: Ein Gegenziel kreieren und dieses mit dem Mittelpunkt koppeln. Das
heißt: Ein neues Ziel formen, dass jedes Mal, wenn der Impuls das negative
Verhalten hervorrufen will, ebenfalls
aktiviert wird und so dämpfend und
regelnd, das eigene Verhalten mehr
und mehr beeinflusst.

Psyche

> *Da Menschen von Zielen gestaltet werden, ist es klar, woraus sie besteht.*

▶ Wie ist sie entstanden?

Als sich aus Materie Leben entwickelte, wollte es weiter bestehen.

▶ Was ist ihre Aufgabe?

Sie strebt, die in dem jeweiligen Lebewesen befindlichen Ziele auszuführen. Die Psyche dient der Erhaltung des Lebens durch Anpassung an die Umwelt, u. a. durch Empfinden, Denken, Lernen.

▶ Wie funktioniert sie?

Durch Ziele, die Neuronennetzverbindungen erzeugt haben.

▶ Wo befindet sich die Psyche?

Im Gehirn.

(Definition Wikipedia: Das Gehirn ist ein Organ des zentralen Nervensystems aller Wirbeltiere und einiger Wirbelloser, dass insbesondere aus Nervengewebe besteht.)

Der zentrale Punkt allen Lebens ist der in der Psyche verankerte Befehl, seinen Gefühlen zu folgen – besonders dem Lebenstrieb. Er hatte sich vor ca. 3,5 Milliarden Jahren gebildet und wirkt bis heute weiter.

> **Die Psyche besteht also aus den Zielen, die im Gehirn des Menschen sind, bzw. sich bilden und ihn mit den daraus resultierenden Mittelpunkten, unbewusst oder bewusst, bewegen.**

Bezüglich der Aktivität, die von dem Zustand und Ablauf der Außenwelt und der Befindlichkeit der inneren Zustände abhängt, gibt es die im Vorder- oder Hintergrund agierenden und momentan passiven Mittelpunkte (z. B. vordergründig aktiv sind etwa Mittelpunkte in einer neuen Umgebung, im Hintergrund laufen parallel dazu soziale Verhaltensweisen ab, und passiv sind Ziele, die im Moment befriedigt sind oder nicht gebraucht werden).

Die Mittelpunkte werden zunächst von Zielen generiert und repräsentieren diese. Das heißt, wird ein Neuronennetz angereizt, dann wird das Ziel aktiviert.

Es bilden sich – je nach den Anforderungen des Lebens, immer wieder neue Ziele, die Mittelpunkte erzeugen.

(Die Prozesse des Lernens bzw. des Verlernens finden in den Synapsen der Neuronen statt).

Mittelpunkte können im Wert stärker oder schwächer werden – je nachdem, wann und wie oft sie gebraucht werden. Werden sie nicht mehr benötigt, schwächen sie sich ab und erlöschen in der Regel.

Psychische Erscheinungen oder Funktionen, also Akte, Zustände, Muster, Erlebnisse, sind allgemein die Wirkungen von Neuronennetzwerken, die mit anderen Mittelpunkten zusammen agieren und parallel Gefühle erzeugen.

Die Mittelpunkte sind, je nach den Zielen, miteinander vernetzt, können Cluster (einen Zusammenschluss für bestimmte Abläufe) bilden und in der Regel immer dazulernen.

So bleibt die Psyche im Gehirn flexibel und anpassungsfähig.

Die Psyche ist nicht mit der Seele gleichzusetzen, weil hier

an supranaturalistische Elemente geglaubt wird.

Natürlich kann der Glaube auch ein Mittelpunkt in der Psyche sein und dadurch andere Neuronennetzwerke beeinflussen.

Dies betrifft besonders die religiösen, mystischen Themen, die in dem betreffenden Menschen durch die dadurch entstehende Sichtweise eine sich selbst-erfüllende Prophezeiung hervorrufen können, wodurch sich seine Psyche und in der Folge sein Körper verändern kann.

Psychische Zufriedenheit und Ausgeglichenheit zeigt sich, wenn die Mittelpunkte miteinander harmonieren.

Mehr oder weniger Unausgeglichenheit ergibt sich z. B., wenn Ziele mit ihren Mittelpunkten über das gesunde Maß hinaus andere in ihrer Funktion negativ beeinflussen. Oder nicht erreicht werden können. Dies kann aufgrund zu hoher Erwartungen auftreten.

Hier könnte man sagen: Die Zufriedenheit richtet sich in der Regel nach der Höhe der Erwartung.

Ist man also unzufrieden, sollte man nach den Zielen suchen – und diese eventuell modifizieren (ändern oder durch ein anderes Ziel ersetzen).

Schlaf und Träume erzeugen andere Muster in der Psyche, weil Funktionen des Gehirns dann anders ablaufen.

Was Geist ist

> **Er basiert auf der menschlichen Psyche: Den Mittelpunkten und in diesen das Suchen nach Fakten.**
>
> Der Geist kann – angetrieben durch neue oder vorhandene Ziele – blitzschnell von einem in andere Neuronennetze springen, um Informationen zu deren Erreichen aufzuspüren.

Diese werden in dem, durch das jeweilige Ziel eventuell entstandene neue Netzwerk zwischengespeichert, um es auszuführen.

> **Geistige Flexibilität bedeutet demnach, innerhalb von Millisekunden in diesen weitläufigen organischen Neuronennetzen, die mit einem Computer nicht verglichen werden können, bezüglich bestimmter Themen Infor-**

Geistige Beweglichkeit erzeugt Verstehen, fördert die Kreativität und ist wichtig für das Lernen.

Dadurch können sich die Neuronennetze (Mittelpunkte) dem Leben anpassen und immer neue entstehen lassen.

Denn je unbeweglicher Geist und Gehirn ist, umso mehr reagiert man wie ein Automat: Neues wird in alte Schubladen gesteckt; und man läuft weiter nach deren Informationen ab, ohne es einzubeziehen.
Dies wäre aber wichtig, um neue Lösungen für ein Problem zu erschaffen oder mit der Welt und sich selbst besser, angemessener umgehen zu können

und weitere Einsichten zu gewinnen.

Je starrer das Gehirn ist, desto weniger denkt und reagiert man – begrenzt durch alte Mittelpunkte – oft unangemessen und spontan.

Der menschliche Geist sucht also, angetrieben von unbewussten oder bewussten Zielen, nach Informationen, um sie auszuführen (bewusst, wenn man seine Aufmerksamkeit darauf richtet).

Er kann plötzlich erscheinen, an anderer Stelle wieder auftauchen, usw.

Ein gutes Beispiel geistiger Aktivitäten ist das wahrnehmende, gezielte Denken:

Dies heißt ja immer: die Konzentration des Geistes auf ein Thema, ein Ziel, und was einem zu den dadurch gestellten Fragen vom Gehirn – dessen Netzwerken – einfällt.

Es entsteht durch einen inneren oder äußeren Impuls (von der Sensorik), der Mittelpunkte im Gehirn stimuliert, die wiederum die Aufmerksamkeit, bzw. das Bewusstsein aktivieren, um sich mit dem entsprechenden Thema (Fragen, Entscheidungen, Urteile, etc.) zu befassen, also u.a. mit dem Geist weitere (innere) Informationen einzuholen.

Dieser Prozess des Denkens: Impuls > Mittelpunkte > Bewusstsein > Geist > Mittelpunkte geht so lange, bis man ein stimmiges Gefühl hat, nicht mehr weiterkommt oder es etwa von einem anderen Thema abgelöst wird.

Flexibilität bedeutet auch, dass man schnelle Bewertungen nicht immer so hinnimmt, sondern sich diese, wenn sie für einen wichtig sind, genauer anschaut.

D.h., man sollte öfter zweimal hingucken, damit sich das Bewusstsein (besser: Die Sensorik) aktiviert und Informationen an das Gehirn sendet, mit dem Ziel, dass sich Synapsen (die ja für das Lernen zuständig sind) gegebenenfalls modifizieren können.

http://www.gehirnlernen.de/gehirn/plastizit%C3%A4t/

Wenn man also ein Ziel bildet, dass das hier Vorstehende berücksichtigt, kann man flexibler werden, d.h. andere Mittelpunkte, Erfahrungen, Ähnlichkeiten mit einbeziehen.

Allgemeine Definition:

„Geister" können generell Ziele genannt werden. Wie etwa Zeitgeist (Ziele, die in einer Zeit aktuell waren) oder die Geisteswissenschaften, die alle das Ziel haben, bezüglich ihrer Kategorie etwas herauszufinden, dass aber nicht naturwissenschaftlich exakt definiert werden kann – etwa aufgrund der Komplexität.

Gefragt wurde mal (von Philosophen):

> ▶ Wie kommt der Geist in die Maschine (hier: der Körper des Menschen)?
>
> Antwort:
>
> ▶ Er kommt nicht in die „Maschine", sondern gehört von der Erzeugung an zum Gehirn und wird adäquat zu dessen Entwicklung verbessert.
>
> Geist und Gehirn bedingen sich im Menschen also wechselseitig. (Das Gehirn speichert, Der Geist selektiert nach den Zielen. **Es gibt eins nicht ohne das andere!**
>
> Wer dies trotzdem behauptet (wie etwa Descartes) treibt einen Keil in die natürliche Wechselbeziehung, und öffnet Fehl-

deutungen bezüglich der Psyche Tür und Tor.

Geister sind Strukturen, die durch Ziele entstehen.

Je mehr das Bewusstsein aktiviert ist, umso besser kann man die Welt und sich selbst erkennen und dem Gehirn die Möglichkeit geben, zu lernen – neue Ziele bzw. Mittelpunkte zu bilden.

Je schneller sich Mittelpunkte verändern können, d.h. je besser sie lernen und Wechselbeziehungen mit anderen Mittelpunkten eingehen, umso anpassungsfähiger, flexibler ist das Gehirn bezüglich des Erreichens von Zielen.

Die Flexibilität des Geistes ist abhängig von der Anlage, des im Laufe des Lebens Gelernten und des momentanen Zustandes des Menschen.

Noch eine weitere Bemerkung zum "Geist": Einen Geist, im Sinne eines immateriellen Wesens, den unsere Vorfahren innerlich empfunden und dann nach außen projiziert hatten, weil die Funktionsweisen des Gehirns – auch bezüglich der Mittelpunkt-Mechanik – ihnen völlig unbekannt waren, gibt es lediglich <u>in</u> den Menschen. **Alles andere sind Projektionen, die in der Realität keinerlei Substanz haben.**

GEFÜHLS-EMPFINDUNGEN
(Definition und Beschreibung)

Seit der Entstehung der ersten Organismen vor ca. 3,5 Milliarden Jahren begleiten Gefühle das Leben und besonders das Überleben.

Gefühle entstehen im Menschen – wie kognitive Erfahrungen – aufgrund von Zielen im Gehirn und werden in den jeweiligen Neuronennetzen gespeichert.

Sie leiten den Menschen. Neben der Kognition ist die Gefühlsempfindung die andere Säule, die den Menschen steuert.

Alles, was der Mensch erlebt hat oder erlebt war, bzw. ist von Gefühlen begleitet, die **gespeichert** werden.

Damit spielen die Gefühle im Menschen sehr oft eine dominantere Rolle als seine Kognition.

Wie gesagt: Gefühlsempfindungen bilden sich aufgrund von Zielen. Sie reichen von Feinsteuerungen (um etwas exakt auszuführen) bis zum gewaltsamen Drang (wenn das Gehirn dies als eminent wichtig einstuft) und sind oft stärker als der Verstand; es ist schwer, sich ihnen zu widersetzen – wie wohl jeder weiß. Sie können einen völlig blind machen.

Die Mittelpunkte erzeugen eine auf das Ziel abgestimmte Welt. Dadurch werden entsprechende Gefühle generiert, die mehr oder weniger drängen, das Ziel zu befriedigen. Gefühle sind also abhängig von den Zielen im Gehirn.

Hat man falsche Ziele in sich, werden auch falsche, meist ungesunde Gefühle erzeugt.

Gefühle können den Menschen sehr gut steuern. Daher wird alles, was er macht, erlebt usw. damit begleitet.

Es ist sehr viel ökonomischer, wichtige Situationen in Gefühlen zusammenzufassen, die später in ähnlichen Zuständen helfen sollen, diese schneller zu bewer-

ten, als wenn das Gehirn das vor einem Liegende in allen Einzelheiten speichern und aus diesem Bild heraus agieren würde.

Viele variable Gefühle können sich überschneiden und daraus ein Muster bilden, das in ähnlichen Situationen Aufforderungscharakter hat.

Bezüglich falscher Ziele: Im täglichen Leben ist man auf seine Kognitionen angewiesen. Diese zeigen uns die Welt mittels der Ziele im Gehirn. Dies betreffen dann auch in der Folge die Gefühle: Sie werden, bezüglich falscher Ziele, nicht richtig auf die Welt abgestimmt. Wenn z. B. das Bauchgefühl sagt, dieses oder jenes sollte man so oder so entscheiden, dann kann man nicht selten später registrieren, dass man eine falsche Entscheidung getroffen hat.

Wie z.B. einen Krieg mit anderen Menschen zu beginnen.

Es ist aber so, dass die Gefühle oft recht haben. Also ist es nicht so einfach, falsche Gefühle zu entdecken. Sollte es aber um etwas sehr Wichtiges gehen, dann wäre es gut, sich das oben Gesagte noch einmal vor Augen zu halten und das Denken einzuschalten. Dadurch aktiviert man gleichzeitig das Bewusstsein, dass sich das, was die Gefühle wollen, mit verstärkten Sinnen genauer anschauen kann. Und dadurch erhält das Gehirn Informationen von seinen Gefühlen **und** dem Denken und damit die Möglichkeit, seine Entscheidung zu revidieren.

Man erlebt immer wieder Gefühle, die einem hundertprozentig sagen, dies oder jenes sei absolut richtig und in Ordnung und einen – teilweise mit starken Drängen dorthin führen wollen. Man sollte aber, wenn man kein Experte auf dem Gebiet ist (aber auch manchmal, wenn man Experte ist), diese Gefühle eventuell kritisch hinterfragen. Denn je weniger man über eine Sache weiß, umso mehr können die Gefühle einem kreativ etwas vorgaukeln.

Das Gehirn macht seine eigenen, manchmal abwegigen Interpretationen und führt den Menschen dadurch in die Irre.

Je nach dem Wert des Zieles, können Gefühle sehr stark sein. Besonders,

wenn ein wesentlicher Wert aufgegeben werden muss. Zum Beispiel, wenn
man trauert. Hier muss ein altes Ziel
einem neuen weichen, nämlich der
Einsicht, dass etwas nicht mehr da ist,
was man geliebt hat. Das alte Ziel erzeugt die Tränen, den Schmerz, weil
es nicht mehr zu erreichen ist.

Wenn man also traurig ist, die Palette
der Emotionen durchlebt, dann liegt
das diesbezüglich immer an einem
nicht mehr zu erreichendem Ziel. Dies
wirkt so lange, bis man sich damit ab-
gefunden hat.

Wie man die Welt wahrnimmt

Unmittelbar nach der Zeugung übernehmen die Gefühle die Regie – und geben diese erst mit dem Tod wieder ab

Man kann die Welt als feststehende Größe betrachten, die aus jeder Sicht gleich ist.

Dies wird als Outside-in-Theory bezeichnet.

Man kann die Welt aber auch so sehen, dass sie von den verschiedenen

Lebewesen unterschied-
lich, bezüglich ihrer
Ziele, gesehen wird.

Dies nenne ich die

Inside-out-Theory.

Dort wie hier erhalten
die Sensoren Reize von
der Außenwelt. Wenige
Impulse reichen, um sich
ein Bild zu machen.

Im Unterschied zu der
Outside-in-Theory wird

die Welt aber von den jeweiligen Lebewesen nach ihren Zielen erstellt:

Die Sensoren senden die aufgenommenen Informationen an die Neuronennetze. Wenn dort festgestellt wird, dass die Welt, die sie wahrnehmen, von den gespeicherten in den Mittelpunkten abweicht, verarbeiten sie gegebenenfalls ihre Sicht der Welt.

Dieser Ablauf kann unmittelbar nachvollzogen werden:

Die Welt, die die Lebewesen, also auch die Menschen, wahrnehmen, ist eine, die sich aus **ihren Zielen, die Neuronennetze aufgebaut haben**, ergibt. (So, wie sich nach der Zeugung der Körper nach ererbten Zielen aufbaut, so auch die Psyche: **Diese Ziele erzeugen Neuronennetzwerke**, um erreicht zu werden.)

Nach diesen sieht die Sensorik die Welt. Sobald die In-

nenwelt mit der Außenwelt
differiert, ändern die Neuronennetzwerke gegebenen-
falls ihre Strukturen.

So nimmt der Mensch die Welt
also nach seinen psychischen
Zielen wahr.

**!! Die Welt, die sich uns zeigt,
ist zwar natürlich zuerst da,
aber, was der Mensch von dieser aufnimmt, entscheidet das
Gehirn nach seinen Zielen. !!**

Selbst wenn man alles aufnehmen
möchte, was sich um einen herum befindet, bleibt es immer eine Frage der
Grenzen unserer Sinne und Gehirns.

***Wikipedia** (Definition): Wahrnehmung
(auch Perzeption genannt) ist bei Lebewesen der Prozess und das **subjek-***

tive Ergebnis der Informationsgewinnung (Rezeption) und -verarbeitung von Reizen aus der Umwelt und aus dem Körperinneren. Das geschieht durch unbewusstes (und beim Menschen manchmal bewusstes) Filtern und Zusammenführen von Teil-Informationen zu subjektiv sinnvollen Gesamteindrücken. Diese werden auch Perzepte genannt und laufend mit gespeicherten Vorstellungen (Konstrukten und Schemata) abgeglichen.

▶ Nach dieser Definition wäre zuerst die Welt da, die durch Filtern und Zusammenführen von Teil-Informationen zu subjektiv sinnvollen Gesamteindrücken in den Lebewesen entsteht.

Das wirft die Frage auf: Nach welchen Direktiven erfolgen das Filtern und Zusammenführen von Teil-Informationen?

Die Antwort könnte nur sein: Durch die Ziele im Gehirn, die mittels der Sensorik, die von seinen Werten (Zielen) fokussiert werden (also worauf die

Aufmerksamkeit gerichtet werden soll).

▶ Daher meine ich, es ist so, dass zuerst das Gehirn (die Mittelpunkte) eine ungefähre Erwartung bezüglich der Welt nach seinen Zielen in sich hat. Dann wird diese von den so selektierten Sinnen wahrgenommen. Sobald dies geschehen ist, werden Ungleichheiten dieser beiden Welten (Erwartung und Tatsache) vom Gehirn, wenn es ihm nach seinen Zielen richtig erscheint, in Millisekunden korrigiert.

Zunächst sieht man also immer die Welt nach seinen Gewohnheiten, Erwartungen, Vorstellungen, die im Gehirn über Ziele in einem gespeichert sind. Wird erkannt (weil es wertig ist), dass sie davon abweicht, wird die Speicherung entsprechend angepasst.

Ziele lernen hinzu oder bilden sich neu
– wiederum zunächst nach dem, die
man ererbt oder gelernt hat, weil man
nur durch sie ursprünglich die Welt
wahrnehmen kann.

Es gibt keine Welt, wie sie eigentlich und immer ist, sondern nur eine aus der Sicht des jeweiligen Betrachters.

Daher sehen wir die Welt nicht, wie sie
scheinbar vor uns liegt (das heißt
auch, für alle gleich), sondern eine, die
das Gehirn uns, aufgrund seiner Ziele,
zeigt.

Da jeder Mensch seine charakteristischen Ziele in sich hat, sieht er auch
seine eigene Welt, auf die er individuell
reagiert.

(Nebenbei: Da jede Gattung ihre spezifischen Ziele hat, sieht sie auch die
Welt ähnlich).

Nochmal: So können Menschen die Welt immer nur aus der Sicht des jeweiligen Betrachters wahrnehmen!

> ### Zur Klarstellung:
>
> Die Welt, die wir sehen, ist natürlich weiterhin da, auch wenn wir einmal nicht mehr sind. Sie würde sich aber nach der jeweiligen Wahrnehmung durch andere, von uns verschiedene, Wesen verändern.
>
> **Denn eine letztlich immer gleiche Welt gibt es nicht.**
>
> Was ewig bleibt – egal aus welcher Perspektive man sie sieht – ist, dass <u>identische Substanzen unter identischen Bedingungen immer identische Ergebnisse zeigen.</u>

Zusammengefasst:

> Man sieht die Welt aus seiner Sicht. Diese ergibt sich aus den Zielen des jeweiligen Menschen. Und zwar aus seinen gegenwärtig aktiven oder besonders durch die momentan zusätzlich angereizten.

> ►Die aktiven Ziele formen die Welt in eine Struktur, die zu ihrem Erreichen benötigt wird.

> ►Je nach Wertigkeit der jetzt aktivierten Reize werden weitere Ziele geweckt, die zusätzlich die Sicht strukturieren.

> ►So gibt es keine identische Welt, die alle gleich sehen, sondern viele verschiedene, aus der Sicht der jeweiligen Ziele.

Und: Verstand heißt, eine Sache genau wahrzunehmen, also zu begreifen. Begreifen kann man immer nur das, wofür man eine Anlage hat.

(Begegnet man etwas für einen absolut Neuen, dann kann man das natürlich auch aufnehmen, begreifen – aber,

wie gesagt, nur nach seinen Anlagen –
seinen Zielen). So wird das Neue aus
dem Um- und Innenfeld des Menschen
von dem Gehirn seinen Anlagen entsprechend angepasst.

**Dementsprechend nimmt man die
Welt zuerst durch die Ziele in sich
selbst und dann mit den ausge-
richteten Sinnen auf – in dieser
Reihenfolge.**

**Die Sinne werden zwar ständig mit
ungefilterten Reizen konfrontiert
(ca. 11 Millionen Bits pro Sekun-
de), doch sie bilden die vor uns
liegende Welt nicht einfach 1:1 ab,
sondern das Gehirn selektiert sie
mit seinen Zielen, die die Sinne so
ausrichten, dass sie nur die Informationen wahrnehmen, die zu den
Zielen des Gehirns passen, weil sie
wichtig sind.**

Diese Millionen Bits sind also nicht dazu da, um die Umwelt genau für uns
abzubilden, sondern um die Strukturen, die nach dem Selektieren durch
unsere Ziele entstehen, mit den gespeicherten im Gehirn zu vergleichen
und gegebenenfalls diese durch Lernen

(verändern von Synapsen) zu korrigieren.

Generell ist es also so, dass der Mensch die Welt seiner Erbanlagen im Kopfgehirn, dem autonomen Nervensystem (plus dem somatischen Nervensystem) und dem Bauchgehirn (enterisches Nervensystem) hat, zusammen mit denen, die über Erfahrungen und Lernen in ihm aufgebaut wurden.

Das ist der Grund dafür, dass wir die Welt jeweils unterschiedlich und eventuell falsch wahrnehmen; weil wir nicht in den richtigen Mittelpunkten waren. (Falsch in der Beziehung, dass wir dadurch Nachteile haben, z. B. nicht angemessen reagieren.)

Und da das Selektieren durch die Ziele auch das Speichern der Erfahrungen im Gehirn beeinflusst, kann es so zu falschen Informationen kommen.

Ein kleiner Ausflug zur Objektivität:

Wie nehmen etwa Tiere, Bakterien, Viren die Welt wahr?

Wer sieht sie richtig?

Natürlich werden Menschen sagen: Die Welt sieht letztlich so aus, wie wir sie selbst sehen.

Wer sagt, man kann die Welt nur aus der menschlichen Perspektive sehen, hat bestimmt **Recht**.

Wer glaubt, dass man dies bezüglich einer Grundwelt sagt, die ewig und unveränderlich ist, hat bestimmt **Unrecht**.

Denn die Welt ist in ihrem Grund u.a. **nicht** in einem ewig identischen Zustand (weil ständig Prozesse auf allen Ebenen stattfinden).

Ein kleiner Anreiz zum Nachdenken:

Was sollte das Gehirn denn auch wahrnehmen, wenn man sagt, man sieht sie, wie sie ist?

Die Antwort ist nur möglich in Bezug auf Ziele, die in einem selbst – im Gehirn - liegen.

Und: Die Wahrnehmung der Menschen ist eingeschränkt. Wie bezüglich des

Hörens und Sehens mit der jeweiligen Bandbreite. Oder z. B. der Unfähigkeit, Radioaktivität, Magnetismus usw. wahrnehmen zu können.

So gibt es keine Welt, die aus jeder Perspektive gleich und unveränderbar wäre.

Zusammengefasst:

Von Lebewesen betrachtet ist die Welt subjektiv.

Von einem Apparat aufgenommen – egal aus welcher Perspektive - ist sie immer Objektiv.

Dies bedeutet aber nicht: ewig feststehend und unabänderlich, weil die Welt sich ständig verändert.

Ewig sind nur die Gesetze, nach denen die Substanzen sich bewegen.

Und alle Perspektiven der Makro- oder Mikrowelt ergeben den Dreisatz:

- **Identische Substanzen unter identischen Umständen ergeben immer identische Ergebnisse.**

- **Der Grund dafür ist, dass alles nicht zu verändernden Gesetzen unterliegt.**

- **Ändert man Substanzen oder Umstände, dann treten auch andere Gesetze auf.**

Wenn man sich in einer fremden Umgebung einmal um 180 Grad dreht, dann braucht es Millisekunden, bevor man das, was dann vor einem liegt, bewusst wahrnimmt.

Dies legt am Gehirn: Zuerst erfolgt die allgemeine Wahrnehmung nach seinen Erwartungen. (Gibt es keine spezifischen, sucht es nach Ähnlichkeiten). Je nachdem, inwieweit diese mit dem, was vor einem liegt, nicht übereinstimmt, wird es, wenn es relevant ist, korrigiert.

Das Ziel der Orientierung benötigt zur Abklärung Daten der Sinne, ob und wieweit die vom Gehirn gezeigte Welt eventuell von der Realität abweicht, um sich anpassen können. Diese brauchen dazu Millisekunden. (Das Ziel der Orientierung ist ein zentrales Ziel in den Lebewesen).

Auch das Erkennen erfolgt durch Ziele; man erkennt das wieder, was im Gehirn abgespeichert wurde. Hier findet sich auch der Grund für Verwechslungen (weil das Gehirn nach Ähnlichkeiten geht).

Die selektierten Reize verändern gegebenenfalls im Gehirn bestehende Neuronennetze, oder generieren neue, wenn Ziele (Mittelpunkte) in der Psyche dies für wichtig erachten. Ergeben sich bezüglich der Reize mehr oder weniger starke Differenzen zu dem, was bisher gespeichert wurde, dann wird es angeglichen.

Mittels der Sinne, die über die Aufmerksamkeit deren Informationen an das Gehirn schicken, ist dies immer auf einen aktuellen Stand – wenn die

Ziele der Wahrnehmung nicht zu sehr von bestimmten (starren) Mittelpunkten eingeengt werden.

Ohne neue Außen-Informationen von den Sinnen ist das Gehirn quasi blind – und agiert nur noch nach seinen bisherigen Informationen, die es gespeichert hatte – wie es im Traum geschieht.

Zunächst sieht man die Welt, die man zuletzt in sich abgespeichert hatte. Wenn die Sinne diese anders erkennen, ändert sich die Speicherung – wenn das Gehirn entscheidet, dies ist wichtig.

> Z. B., wenn eine flüchtig gesehene, aber als nicht relevant eingeschätzte Landschaft von den Sinnen gesehen wird. (Das Gehirn bleibt bei seiner Sicht). <

>Anders ist es, wenn man etwa aus dem Schlaf erwacht und die vor dem Schlafengehen gespeicherte Welt sich verändert hat. Zunächst sieht – erwartet – man die Welt nach der routinemäßigen Einspeicherung. Senden die Sinne aber andere Reize, dann wird das Gehirn diese in seine Sicht einbeziehen, weil es in der Regel wichtig ist, um mit der unmittelbaren Welt umgehen zu können.

Die Bewertung und eventuelle Änderung erfolgt sehr schnell (wie gesagt: in Millisekunden). <

> So erfolgt es auch im Traum: Die Sensorik, die aufgrund des Schlafes hauptsächlich nach innen gerichtet ist, nimmt die Reize

der **Traumwelt als Tatsachen, die das Gehirn – und folglich wir – aufgrund seiner eingeschränkten Stirnhirn-Struktur im Schlaf als Realität nimmt. <**

Bezüglich des Erkennens sind einzelnen Dinge nicht wichtig. Es kommt jeweils auf das Ziel an. Wenn dies ist, Einzelheiten zu betrachten, dann erst werden diese besonders wahrgenommen. Geht es aber darum, den Gesamteindruck abzuspeichern, dann nimmt man dieses als Ganzheit wahr.

Als Beispiel kann das Musikempfinden dienen: Man nimmt das Ganze wahr, und nicht die einzelnen Instrumente, weil dies nicht das Ziel ist. (Das Ganze ist, das Musikempfinden wahrzunehmen). Die Wahrnehmung einzelner Geräte würde das Empfinden trüben, weil man dadurch in andere Mittelpunkte kommen und abgelenkt werden könnte.

Genau so nimmt man im täglichen Leben alles von seinen Zielen aus auf. Und so sieht man die Welt.

Ist etwas nicht mehr stimmig (z. B., etwas Gefährliches taucht auf) dann wird ein Ziel aktiviert, um es speziell wahrzunehmen. Dadurch ist man plötzlich in einem anderen Mittelpunkt. Dies wird ebenfalls ganzheitlich aufgenommen und erzeugt im Gehirn ein anderes Muster.

Nochmal: Wie und mit was etwa ein Raum gefüllt ist, ist zunächst nicht wichtig, solange man in dem Ziel ist, diesen Raum wahrzunehmen. Erst wenn man genauer durch andere Ziele hinschaut, bekommen diese einen Wert.

Fazit: In der Regel nimmt das Gehirn ganzheitlich auf. Die etwa angereizten Ziele können die Themen aber schnell wechseln lassen.

Das ICH

Das ICH ist ein relativ kleiner, aber – bezüglich seiner Werte – wesentlicher Teil im menschlichen Gehirn – und agiert auch aus diesem.

Es entscheidet u. a. durch Kontrollbemühungen mit – über seine jeweiligen Mittelpunkte, die sich aus seinen Zielen gebildet haben.

Es bildet sich anfangs aus Gefühlen: Was mag ich? Was mag ich nicht? Dies ändert sich mit der Zeit um in: Das will ich! Das will ich nicht! Und entsprechend formt sich das ICH. Die Ziele werden dementsprechend im Gehirn gespeichert und wirken unbewusst oder bewusst.

Ergänzt werden sie, je nach dem Entwicklungsstand, mit kognitiven persönlichen Zielen.

Dass ICH kann bis zu bestimmten Grenzschwellen Bereiche der Psyche kontrollieren und, wenn notwendig,

mit seinem Willen mehr oder weniger beeinflussen. Also über die Mittelpunkt-Mechanik andere Ziele in seiner Psyche überwinden.

Aber je stärker andere Gefühle (als Ziele) sind, umso schwieriger wird es.

Generell gilt: Je mehr in den Zielen die Gefühle die Macht haben, desto mühsamer hat es der Verstand.

Dieser muss sich erklären – Gefühle nicht! Sie laufen nach den in ihnen liegenden Gesetzen ab, die es dem Verstand schwermachen können, Einfluss zu nehmen.

Das wird auch damit zusammenhängen, dass sich Menschen im Laufe ihrer Evolution mittels

Gefühle entwickelt haben – der Verstand erst sehr viel später.

Auch daher wird oft das Gefühl bevorzugt, weil es viel leichter ist, als den Verstand zu bemühen.

Das Ich ist auch eine postulierte Instanz in der Freud'schen Psychoanalyse, die mit dem Bewusstsein gleichgesetzt wird.

Nun ist Bewusstsein aber lediglich eine Funktion, die mit verstärkten Sinnen den Zielen im Gehirn genauere Informationen liefern soll, damit diese adäquate Entscheidungen treffen können.

Daher macht die oben genannte Ich-Erfindung von Freud keinen Sinn.

Mit einem Satz: Bewusstsein ist nicht das ICH!

Das ICH, also das, was man meint, was man selbst ist, bildet sich, wie gesagt, aus den Gefühlen des Menschen, aus seinem psychischen Befinden. Der Beginn liegt ungefähr am Ende des 2. Lebensjahrs.

Hier entstehen allmählich die persönlichen Ziele.

Noch ein Wort zum ICH-Ideal:

Dies ist, wie man selbst gerne sein möchte. Und, wie man meint, andere einen sehen sollen.

Es kann einem durch falsch gesetzte Ziele schaden.

Bewusstsein

Bewusstsein ist ein Terminus aus der Philosophie,
der nie exakt definiert werden konnte und daher im-
mer schwammig blieb.

Der Grund dafür ist, dass Philosophen in aller Regel sich nicht damit
abfinden wollten, dass Leben aus
Materie entstand; dass es natürlich
ebenfalls nach Substanzen und Gesetzen abläuft.

Sie wollen im Menschen ein Wesen
sehen, das über das Materielle hinaus besonders auch mit seinem
‚Bewusstsein' metaphysische Zustände; Erfahrungen habe und einen freien Willen besäße.

Das sind Wünsche, die mit den Tatsachen, der Realität nicht erfüllt werden können – aber mit der Mittelpunkt-Mechanik möglich sind. Soll heißen: diese macht sie blind; erfüllt so ihre Illusionen.

Eine klare, reale Definition des *Bewusstseins* erhält man, wenn es mit **verstärkter Aufmerksamkeit** beschrieben wird (dessen Funktion ist, etwas näher zu betrachten). Damit vermeidet man den unterschwellig gewollten Hinweis auf Metaphysisches.

Bewusstsein entsteht <u>zum einen</u> durch verstärkte Wahrnehmung mit den Sinnen (der Sensorik*), wenn bestimmte Schwellen überschritten werden. Diese aktivieren natürlich auch sofort alle davon betroffenen

> **Neuronennetze, um reagie-
> ren zu können.**
>
> **<u>Zum anderen</u> das, was man
> bewusst macht – das Mit-
> wissen – (weit mehr als 90
> % läuft unbewusst ab).**
>
> **Auch dies Bewusstsein (als
> Konzentration) ist nur durch
> verstärkte Wahrnehmung
> mit der Sensorik möglich.**

(*Sensorik ist das Aufnehmen von Um-
gebungsreizen und Körperzuständen
und deren Weiterleitung.)

Die Funktion des Bewusstseins ist,
etwas näher zu betrachten.

Das Bewusstsein kann, aus Mangel an
Informationen, allein keine Entscheidung treffen. Auch der menschliche
Geist (als Informationssucher in den
Neuronennetzwerken) kann durch seine Aktivitäten nur Teilinformationen
beisteuern.

Letztlich sind Entscheidungen: konzer-
tierte Ergebnisse aus vielen Neuronennetzwerken, um Ziele zu erreichen.

Der Glaube, wir steuern uns mit unserem Bewusstsein, wird kaum hinterfragt, weil das Gefühl uns dies mit scheinbarer Evidenz aufdrängt.

So erleben wir uns in der Regel als Person, in der das Bewusstsein alle Entscheidungen trifft.

Das Gehirn wird als Hilfsmittel angesehen: als Träger des Gedächtnisses. Darüber hinaus wird anerkannt, dass hier ererbte Anlagen und erlernte Fähigkeiten gespeichert sind.

Weniger klar ist man sich oft, dass es ebenfalls alle Gefühle, das Denken, Sprechen usw. reguliert.

Denn schaut man genauer hin, kann realisiert werden, dass das Gehirn uns lenkt, in dem sich auch das ICH (d.h. dessen Ziele) befindet. Dies ist ein wesentlicher Mitstreiter und Entscheider.

(Für das normale, tägliche Leben ist es allerdings in der Regel unerheblich zu

wissen, dass das Gehirn einen steuert:
Man agiert und reagiert auf das für
einen wichtige Geschehen.)

Interessant ist es aber für alle, die
wissen wollen, warum es Bewusstsein
gibt:

1.   Das Gehirn zeigt uns die Welt
nach seinen Zielen. (Es ist allgemein
bekannt, dass es die Welt selektiert.)
2.   Das Bewusstsein sieht sie in
dieser Form plus das, was die Sensorik
zusätzlich aufnimmt.
3.   Dieses modifizierte Bild sendet
es wieder an das Gehirn. Entscheidet
dies, dass es wichtig ist, wird verstärkte Aufmerksamkeit in den Sinnen erzeugt.
4.   Diese zeigen uns dann die Welt,
die sich durch die Informationen gegebenenfalls verändert hat.
5.   Das Bewusstsein sieht sie jetzt
in dieser Form plus das, was darüber
hinaus jetzt die Sinne aufnehmen.
6.   Diese Informationen sendet es
wieder an das Gehirn.

7.   usw.

Diese Sequenzen wiederholen sich
ständig im Millisekunden-Takt. Je nach
Wertigkeit, mit der normalen Aufmerk-

samkeit oder mit verstärkten Sinnen (Bewusstsein).

Also: **Was man z. B. sieht, wird zunächst ausschließlich vom Gehirn gemacht, das es uns, aufgrund seiner Ziele, zeigt.** Dann wird das von der Sensorik Erlebte an das Gehirn gesendet, das es verarbeitet. Und dem Bewusstsein daraufhin, je nach der Abweichung, eine korrigierte Sicht zeigt.

Daher wird dem Bewusstsein auch erst Millisekunden, nachdem das Gehirn entschieden hat, dieses bewusst.

Denn immer entscheidet das Gehirn, weil es unzählige Informationen in sich hat, nach seinen Zielen. Niemals entscheidet das Bewusstsein, weil es nur erlebt und sehr eingeschränkt ist bezüglich dessen, was die Sinne gleichzeitig vom Gehirn aufnehmen können.

Und nur durch ausreichende Informationen können angemessene Entscheidungen getroffen werden.

Daraus folgt sehr deutlich: *Das Bewusstsein* **bzw. die normale Aufmerksamkeit kann die Welt nicht ausreichend für Entscheidungen deuten, weil dies die Domäne des Gehirns ist; es nicht dessen Informationen besitzt.**

Das Gehirn **kann die Gegenwart nicht klar genug erfahren, braucht diese Informationen der Sensorik, um seine Deutung der Welt eventuell zu korrigieren und anders zu entscheiden.**

Die Sinne (Aufmerksamkeit, Bewusstsein) erleben durch die Reiz-Strukturen in der Außenwelt und vergleichen diese mit den Vorlagen der Neuronennetzwerke.

Diese Erfahrung wird dann im Gehirn aufgenommen – wenn es einen Wert für das Gehirn hat – und verarbeitet.

Das Bewusstsein entscheidet natürlich nicht. **Das Gehirn entscheidet** nach den in ihm befindlichen Informationen und Zielen.

Bekommt es keine aktuellen Informationen, kann es natürlich nur danach urteilen, was in ihm ist.

Letztlich geht es um Wahrnehmung. Entweder die normale, die mehr allgemein gehalten ist (etwa sich durch eine bekannte Umgebung zu bewegen). Oder eine aufmerksame, bewusste, durch Verstärkung der Sinne (z. B. wenn man in einer unbekannten Gegend ist).

Wahrnehmung hat also die Aufgabe, durch Erleben dem Gehirn Informationen zu geben. Damit werden gegebenenfalls neue Lernprozesse generiert, Korrekturen vorgenommen, Einstellungen geändert, Ziele aktiviert usw.

Das Gehirn entwirft Vorschläge, antizipiert diese, nimmt Resultate also vorweg – die Aufmerksamkeit bzw. das Bewusstsein erlebt und überträgt die daraus resultierenden Sichtweisen und Informationen zurück an das Gehirn.

Wenn uns aktuell etwas wichtig ist, Gefährliches, Ungewöhnliches oder Neues auftritt, Entscheidungen oder Aktivitäten der Neuronennetze eine gewisse Schwelle im Gehirn überschreiten, verstärkt es unsere Sinne. Dadurch nimmt man die Außen- und

Innenwelt intensiver, bewusst wahr. Man erlebt sie eindringlicher.

Die verstärkten Sinne, also das Bewusstsein, senden dann die aufgenommenen Informationen an das Gehirn – besonders an die davon betroffenen Neuronennetze, die (größtenteils mit ihren Gefühlen) eventuell eine Änderung der Bewertung und Einstellung vornehmen. Dies Ergebnis wird wieder wahrgenommen, usw.

Entscheidet sich das Gehirn letztlich gegen das Gefühl, dann kann man ein schlechtes Bauchgefühl bekommen. (Dies erfolgt aufgrund ähnlicher Erfahrungen in der Vergangenheit – d. h., es belegt daher nicht mit unumstößlichen Fakten, dass die Entscheidung aus dieser Situation falsch ist, weil diese oft nicht deckungsgleich sind.)

Das Gefühl entsteht, weil man das Ziel, die Entscheidung in einer anderen, aber ähnlichen Situation, die etwa das Bauchgefühl forciert, nicht durchführt.

Es ist die Natur der Ziele: Wird ein Ziel nicht erreicht, dann drängt es mit Gefühlen, dies weiterzuverfolgen.

Denken ist ein Prozess, der in sich selbst sucht – ausgehend von den Zielen des Denkers (seine Mittelpunkte, d. h. neuronale Netze) – um Antworten auf Fragen zu erhalten.

Hier findet sich alles, was der Mensch ererbt und erlebt hat – in welcher Form auch immer.

Daraus ergibt sich die Schleife: Frage >Antwort >erneute Frage > Antwort usw.

Träume

Vorausschicken möchte ich:

Allgemein wird – unreflektiert – angenommen, dass wir mit unserem Bewusstsein die Welt wahrnehmen und damit dann auch entscheiden.

→ Den Ablauf des Traumgeschehens (den wir ja im Schlaf als Realität werten) verstehen wir anschließend im Wachsein nicht. Weil wir die Außenwelt, die wir sehen, als feststehende Realität betrachten.

Erst wenn wir erkennen, dass <u>unser Gehirn – genauer: die Neuronennetzwerke – uns zunächst die Welt zeigt</u> und dann sofort im Anschluss die Informationen der Sinne von der Außenwelt verarbeitet (wenn

sie von der gespeicherten ab-weicht), wird klar, dass die Welt keine feststehende Realität ist, sondern immer nur aus einer Perspektive gesehen werden kann.

Für die Träume heißt das: Da wir die Welt im Wachsein durch unser Gehirn wahrnehmen und als Realität werten, machen wir es auch im Schlaf mit den Träumen. ←

Damit klären sich einige Fragen:

Warum nehmen wir die Welt so auf?

►Bekannt ist der Wissenschaft, dass wir sie selektieren.

Nach welchen Direktiven?

►Nach unseren Zielen.

Wo befinden sich diese?

▶*Im Gehirn* – **und nicht im Bewusstsein!**

Daraus folgt: Wir sehen die Welt nicht so, wie sie „eigentlich" ist, sondern so, wie sie uns, nach der Perspektive des Gehirns, am besten nützt.

Nun ändert sich die Welt ständig. Daraus entsteht die Frage: Wie kommen wir an neue Informationen?

▶*Durch die Sinne. Damit nimmt das Bewusstsein die Welt auf, und sendet sie an das Gehirn.*

Dieses kann dann seine Ziele ändern. Mit der Folge, dass wir die Welt anders sehen.

Bewusstsein ist verstärkte Wahrnehmung über die Sinne (die Sensorik) – nichts anderes!

Es nimmt Informationen von außen und vom Inneren des Menschen auf.

Wenn man schläft, dann in aller Regel nur noch vom Inneren (bis auf wenige Außenreize, die die jetzt höheren Schwellen überwanden), die es, wie gewöhnlich, an das Gehirn schickt.

▶Im Schlaf funktioniert das Gehirn anders, weil ihm Fähigkeiten des Stirnhirns fehlen (u. a. dessen logisches Begleiten.) Darüber hinaus ändern sich diverse Netzwerk-Verbindungen.

D.h., die Großhirnrinde (Kortex), die u.a. für das logische Betrachten von Ereignissen zuständig ist, büßt während des Schlafs diese Funktion ein. In der Folge erscheinen einem etwa bizarre Eindrücke real.

Und da es jetzt andere Informationen erhält, ergeben sich auch andere The-

men, nach denen es die Welt sieht.

Und so zeigt das Gehirn uns im Schlaf eine Welt, die wir durch unsere Sinne, die wir aus dem Inneren aufnehmen, als Realität werten.

Die Tatsache, dass das Traumgeschehen so unverständlich ist, nachdem wir wieder **aufgewacht** sind, erklärt sich aus der jetzt nicht mehr eingeschränkten Wahrnehmungsfähigkeit der Außenwelt, und u. a. des Stirnhirns: Die Sinne können wieder alle Informationen aufnehmen, die die Ziele des Gehirns zulassen.

Aus dieser Sicht macht das Geschehen im Traum dann keinen Sinn mehr.

Traumwelt und die Welt, die wir mit voll funktionierendem Gehirn sehen, sind daher sehr unterschiedlich und erzeugen – wie gesagt – das, was die Sinne *dem Gehirn senden (und was wir dann wahrnehmen).*

Diese Wahrnehmungen zu verstehen, bereitet Menschen Schwierigkeiten, die weiterhin in der Perspektive ihrer gewohnten Welt leben.

*Aber auch **Fachleute** haben ihre scheinbar unüberwindlichen (besonders gefühlsmäßigen) Probleme, einzusehen, dass nicht das Bewusstsein alles ausführt und entscheidet, sondern das Gehirn.*

*So bleibt das Wahrnehmen unserer Träume, die wir als absolute Realität erfassen, für sie **ein unlösbares Rätsel**.*

Im Traum haben die Gefühle die Macht.
Der Verstand ist größtenteils ausgeschaltet.
Jeder Gedanke (wenn man wieder im Wachzustand ist), dass Meta-

Im Gegensatz zum Wachsein, wo Ziele der Anpassung mit dem Großhirn dominieren, geht es in den Träumen um Themen des jeweiligen Lebewesens, die durch die Mittelpunkte nicht mehr in diesem Umfang beeinflusst werden können, sondern von den Gefühlen. Hier spielt u. a. das Großhirn weniger eine Rolle, weil es ja weitgehend heruntergefahren ist. So werden die Fantasien der Träume als Realität wahrgenommen.

Im Schlaf geht es um <u>Erholung vom Wachsein</u>, in dem man ständig wieder von den Mittelpunkten in Strukturen gebracht werden kann.

Im Traum geht es um das Weiterwirken der Sinne, die jetzt nach innen gerichtet sind. Da etliche Funktionen des Gehirns heruntergefahren sind, zeigen sie Themen und Prozesse, die nicht auf einen

Endstand – wie die Ziele – ausgerichtet sind (obwohl auch hier nur Substanzen nach Gesetzen ablaufen).

Man sollte seine Träume also nicht so ernst nehmen. Es sind surreale Reize, Szenen oder Geschichten, die durch Assoziationen, Ähnlichkeiten, usw. entstehen. Insgesamt aber mit der Wirklichkeit, der Realität, wenig zu tun haben.

Das sieht man z. B. auch an den Tagträumen, die durch irgendwelche Impulse, Ähnlichkeiten ausgelöst werden, und Fantasien erzeugen.
Auch diese würde man natürlich nicht als Realität werten.

Sicherlich können darunter natürlich auch Wünsche, Befürchtungen, Begierden, Ängste, usw. von einem selbst sein, die angereizt wurden.
Nicht selten sind es irgendwie angeregte Emotionen, die mit lebhaften Fantasien ungezügelt als Realität erlebt werden.

Obwohl der Traum auch, wie alles, aus Substanzen besieht, die nach Gesetzen ablaufen, **ist er im Leben als Prophet kaum nützlich**, weil alles durcheinandergewirbelt wird, Wirklichkeiten keine Rolle spielen.

Dafür sind meist die Ähnlichkeiten verantwortlich, die nicht mehr z. B. von den Mittelpunkten, besonders in denen das Stirnhirn wesentlichen Anteil hat, überwacht werden.

Ob wir wach sind oder schlafen; unser Gehirn arbeitet immer. Und nimmt Informationen von der Außen- und Innenwelt mit den Sinnen auf:

▶ **Im Wachsein** in erster Linie von der Außenwelt, um uns anpassen zu können. Dadurch werden die Ziele im Gehirn geändert, angepasst und natürlich im gleichen Zuge die Mittelpunkte, die sie ausführen. Im Wachsein sortieren die Mittelpunkte oft das, was nicht zu ihren Zielen passt (einschließlich Fantasien, Unlogisches, Träume) aus. Durch diese Mechanik wird es von den Sinnen dann nicht mehr wahrgenommen.

▶ **Im Schlaf** von der Innenwelt, weil dies eben die Aufgabe der Sinne ist.

Hier sind die Ziele mit ihren Mittelpunkten nicht aktiv (auch deshalb, weil sie die Erholung, wie gesagt, im Schlaf stören würden). Das Gehirn wird also nicht von den Mittelpunkten regiert. Sondern von **Themen**, die bunt durcheinanderwürfeln, was gerade angereizt wird.

So läuft das Gehirn im Traum und im Wachsein ähnlich ab. Nur dass im Letzteren die Mittelpunkte die Regie führen, dem Ganzen die Richtung vorweisen.

Und im Schlaf Gehirnfunktionen eingeschränkt sind.

In beiden Fällen erleben wir die Welt – und sie erscheint uns real.

Ziele sind auf einen Endzustand ausgerichtet.

Themen nicht – sie sind offen.

Alle Themen können natürlich im Wachsein zu Zielen werden – wenn sie bestimmte Schwellen überschritten haben – und spielen dann aktiv in der Psyche mit.

Um es noch mal zu wiederholen:

Im Traum zeigt das Gehirn uns also, wie es, unreguliert durch die Mittel-punkt-Mechanik des Wachseins, u.a. durch Einschränkung des Stirnhirns und der quergestreiften Muskulatur im Schlaf in sich selbst wirkt. Daher sind Träume oft so unverständlich (siehe oben). Sie zeigen uns, bezüglich der Realität, eine eingeschränkte Welt durch die Sinne.

Da im Schlaf bestimmte Funktionen außer Kraft gesetzt sind, können The-men aufsteigen, die im Wachsein nicht wahrgenommen werden. Hier können auch Ziele mitspielen, die jetzt nicht mehr von Mittelpunkten ausgeschlos-sen werden, weil für sie oft kein Platz ist.

Dazu können auch Fantasien gehören, die uns im Wachsein in den Kopf gekommen sind, aber als nicht relevant oder unsinnig verworfen eingestuft - aber trotzdem gespeichert wurden.

Natürlich werden im Traum auch Probleme, Konflikte oder Wünsche, usw. angereizt, die dann „bearbeitet" werden. Die Ergebnisse sind meist Fantasien, unrealistische „Lösungen."

Oder auch nicht, wie etwa bei traumatischen Erlebnissen, deren Ursachen im Schlaf hervorgerufen und zu Alpträumen werden können.

So kann es die bizarrsten Geschichten und Bilder zeigen, die wir als absolute Realität nehmen – bis wir wieder im Wachzustand sind und das kognitive Alltagsverhalten einschließlich der Stirnhirnfunktionen wieder die Regie übernommen hat.

Wir sind es gewohnt, zielgerichtet zu leben, alles in eine verständliche Richtung zu bringen. Und so wird auch der Traum entsprechend interpretiert. Es wird ihm eine innere Stringenz unterstellt – was mit Sicherheit unrichtig ist.

Das Träumen im Schlaf zeigt uns lediglich, wie das Gehirn ohne die Ziele des

Wachseins abläuft. Es bildet in aller Regel nicht ab, wie wir handeln sollen (weil es nur über beschränkte Funktionen verfügt). Und es zeigt uns besonders nicht, wie Metaphysisches, ein Gott, oder Übernatürliches uns bewegen will, etwas zu tun.

Man sollte sich immer wieder mal vor Augen halten, dass auch das Gehirn – wie alles – aus Substanzen besteht, die nach Gesetzen ablaufen.

Frage: Warum sind die Menschen früher nicht auf die Idee gekommen, dass die Träume ausschließlich von ihrem Gehirn produziert werden.

Antwort: Weil sie nicht wussten, wie das Gehirn agiert, und dass sie ausschließlich davon gestaltet werden. Und in ihrem Glauben an metaphysische Aktivitäten blieben, weil sie es sich anderes nicht erklären konnten.

Es ist immer so: Wenn einem etwas nicht klar ist, dann kommen Interpretationen, Deutungen, Fantasien ins Spiel. Diese füllen das „Wissens-Loch" aus. Und so haben die Menschen den Ursprung ihrer Träume oft im Außen gesucht, etwa von Gott gegebene oder sonstige mystische Anweisungen.

Wenn man sich fragt, was sollen uns die Träume zeigen, dann ist die Antwort: Sie sagen uns wenig Nützliches. Weil dies nicht deren Aufgabe ist.

Man könnte aber, indem man über seine Interpretation der Träume im Wachsein nachdenkt, etwas über sich selbst erfahren – welche Ziele und Themen uns u. a. unbewusst gestalten. D.h. auch, womit sich die Psyche gerade unbewusst beschäftigt.

Fazit:

- Wir schlafen, weil wir uns dadurch vom Wachzustand erholen.
- Wir träumen, weil unsere Sensorik immer mehr oder weniger aktiv bleibt (schon deshalb, um Gefahren aus der Umwelt aufnehmen zu können).

Gehirn vs. Computer

Um es vorwegzunehmen: Das Gehirn ist ein durch seine Ziele sich selbst organisierendes Gebilde.

Der Computer ist ein vom Menschen auf Rechenleistung angelegter Gebrauchsgegenstand.

Und:

Die Welt des Menschen ist so, wie seine Ziele sie ihm jeweils zeigen.

Die Welt des Computers ist so, wie seine Programmierer sie gestaltet haben.

Das Gehirn hat die Aufgabe, das Überleben des Menschen zu sichern; dazu ist es immer aktiv.

Der Computer hat Rechenaufgaben auszuführen, die der Mensch aufgegeben hat (mit Algorithmen – eine in der Sprache des Computers erstellte Vorschrift –, die aus einer genauen Folge von Anweisungen besteht, mit der bestimmte Aufgaben in einer vorgegebenen Zeit erledigt werden). Dazu muss es nur solange aktiv sein, bis die Arbeit erledigt ist.

Die Rechengeschwindigkeit spielt für das Gehirn eine sekundäre Rolle; Prioritäten haben die Verknüpfungen der Neuronennetzwerke.

Das Gehirn ist ein Gewebe, das nach organischen Gesetzen abläuft – der Computer ein aus anorganischen Teilen entstandener Rechner, der Vorgaben braucht und nicht von selbst kreativ sein kann. Er kann zwar viel schneller rechnen als ein Gehirn, es fehlt aber das schöpferische Element, das kreativ durch unendliche Verknüpfungsmöglichkeiten Lösungen ermöglicht:

*Denn dadurch, dass sich das Gehirn
mit etwas beschäftigt, werden sehr oft
auch Assoziationen angereizt: Ähnlichkeiten. Oft genügt schon irgendein Ort,
an dem man war, und einen ähnlichen
Gedanken oder ein* **Gefühl** *gehabt hat.*

Wollte man einen Computer bauen,
der so kreativ sein kann, wie das
menschliche Gehirn, wäre dies wohl
schlicht unmöglich: Der Computer
müsste etwa unendlich flexibel sein,
und seine Struktur immer wieder blitzschnell ändern können. Nicht nur Information selbst, sondern auch sämtliche Assoziationen dazu müssten verknüpft werden können. Und dies jedes
Mal, wenn neue Informationen eintreffen.

Das wäre für eine Maschine, deren
Grundsubstanz Rechenleistungen sind,
unmöglich durchzuführen. *Das können
nur biologische Substanzen, wie Gehirne.*

*Ein wesentlicher Steuerungsmecha-
nismus des Menschen sind* **Gefühle**,
die u. a. vom Gehirn erzeugt werden.

Gefühle zu erzeugen – ähnlich wie ein Mensch – sind einem Computer nicht möglich.

Das Gehirn ist dazu da, eine Struktur nach dem jeweiligen Ziel zu bilden. Diese Ziele liegen seit Urzeiten im Gehirn bzw. bilden sich nach der Zeugung immer wieder neu.

Im Gehirn kann alles von allem beeinflusst werden. Dies darf im Computer nicht sein, weil er sonst seine Rechnungen nicht ausführen – nicht mehr Schritt für Schritt seine Arbeiten ausführen kann. Er braucht klare Befehle, was einbezogen werden soll.

Das zentrale Ziel des Gehirns ist, wie gesagt, dass das Lebewesen überlebt – sich möglichst der Umgebung anpasst. Dazu sind im Gehirn immer diverse Neuronennetze aktiv, die ständig flexibel ihre Wertigkeit wechseln können. Das zentrale Ziel des Computers ist, jeweils nach der Programmierung zu rechnen.

Das Gehirn führt unzählige Aufgaben gleichzeitig aus und die Prioritäten können jederzeit wechseln – der Computer ist hier klar überfordert. Er kann nur einen Bruchteil dessen, was dem Gehirn möglich ist, bearbeiten – und wenn, dann nur mit einem sehr viel höheren Energieaufwand als das Gehirn.

Im Gehirn laufen viele Prozesse immer parallel und es werden ständig neue hinzugefügt. Es entstehen immer neue Synapsen (die für das Lernen verantwortlich sind), die sich stärken oder zurückbilden.

Verarbeitungsschritte im Computer können ebenfalls parallel ausgeführt werden. Allerdings bei weitem nicht in der Größenordnung des Gehirns.

Der Computer braucht klare Verhältnisse – *das Gehirn schließt aus Fakten und (teilweise diffusen) Informationen von außen und innen.*

Dies macht es dem Gehirn möglich, kreativ zu sein. Das kann ein Computer nicht – aus den erwähnten Gründen.

Das Gehirn ist ein Leben lang lernfähig, weil es sich immer wieder an die veränderten Lebensumstände anpassen muss. Dies trifft nicht immer ins

Schwarze, ist aber in aller Regel besser fürs Überleben, weil es sich flexibel wieder ändern kann.

Das Gehirn ist immer aktiv – der Computer nur, wenn Informationen eintreffen. *Das Gehirn schläft nie, weil es vorhersehen muss, ob das Leben bedroht werden könnte* – ähnlich einem Vogel, der ständig nach Gefahren Ausschau hält.

Was kann einem Menschen bei der Nennung des Wortes „Rot" einfallen? Kaum zu zählende Assoziationen, wie etwa Liebeserlebnisse, Verkehrsunfälle, die untergehende Sonne, Blut, Farben des Herbstes, das Tuch in der Stierkampfarena, Farbe von Fahnen, Hochöfen usw. Und diese erzeugen sofort wieder Assoziationen und diese wieder usw. Mit anderen Worten: Es werden Neuronennetze aktiviert, die wieder Neuronennetze aktivieren usw.

Was zeigt der Computer, wenn man „Rot" eingibt? Eine begrenzte Anzahl von Antworten, die der Mensch einmal programmiert hat. Es gibt lediglich Verweise (Links), aber keine selbsttätigen Assoziationen (es sei denn, der Mensch verknüpft diese). **Gefühle, die** sehr stark etwa durch das Wort „Rot" aktiviert werden, fallen beim Computer aus, weil dieser gefühllos ist. *Dies ist ein wichtiger Vorteil für den Menschen, weil Gefühle u.a. Feinsteuerungselemente sind, die für das Reagieren und Handeln wichtig sind.*

An diesem Beispiel – und egal um welches Wort oder welchen Begriff es sich handelt – kann man ebenfalls sehr gut den Unterschied zwischen Gehirn und Computer erkennen.

Der Computer ist eine von den Menschen gebaute Maschine, deren Ziel es ist, zu rechnen. Es benutzt nicht Komponenten, die nichts miteinander zu tun haben – die nicht in seine der strengen Logik unterworfenen Kalkulation passen.

Zum Beispiel Captchas – zufällig angeordnete Ziffern und Buchstaben – sind für Menschen, mit ihrem Lösungsansatz für Ähnlichkeiten und Kreativität, relativ leicht zu lesen, für Computer ist dies quasi unmöglich, da Buchstaben und Zahlen so verzerrt dargestellt werden, dass deren Systeme sie nicht auslesen können.

Ein Computer braucht Befehle, um Schritt für Schritt zu arbeiten. Das Gehirn agiert von sich aus und kreiert immer wieder neue Ziele, hauptsächlich durch den Antrieb des Überlebens.

Ein Computer macht so gut wie nie Fehler (es sei denn, er wurde falsch programmiert), weil er nur folgerichtig rechnet.

Das Gehirn kann etliche Fehler machen, weil es kreativ ist und falsche Schlüsse ziehen kann. Der Vorteil aber ist die ungeheure Flexibilität, die es erlaubt, alle Komponenten und Netzwerke für jeweilige Ziele mit seinem Geist zu nutzen. Der Nachteil ist, dass es oft nicht genau hinsieht. Der Vorteil ist, dass es aus einem nebelhaften Geschehen aus wenigen Anhaltspunkten Resultate erzielen kann, die oft sinnvoll sind.

Es sind also, wie man bei genauer Betrachtung erkennt, zwei sehr unterschiedliche Systeme.

Wenn man allgemein über den Vergleich Gehirn – Computer liest, dann fällt auf, dass immer

wieder die Geschwindigkeit erwähnt wird.

Dies spielt in dieser Hinsicht nicht die zentrale Rolle im Gehirn, sondern die Neuronenverbindungen; damit überlebt der Mensch. Und das schafft in dieser Form kein Computer – auch nicht annähernd.

Die Menschen lernen ständig und bilden neue Synapsen und neuronale Netze. Immer wenn jemand etwas gelernt hat, haben sie sich in seinem Gehirn neu strukturiert oder verstärkt.

Andererseits werden diese eingeschränkt oder gelöscht, wenn sie nicht mehr verwendet werden.

Die einzelnen Synapsen, die milliardenfach verfügbar sind, können sich jeweils tausende Male über Neuronen mit anderen Synapsen verbinden.

All dies in einem Computer zu reproduzieren und es wie das

Gehirn wirken zu lassen, ist quasi unmöglich.

Fazit: Das Gehirn ist ein organisches Gewebe, das mit dem Menschen überleben will und alle Möglichkeiten darin nutzt. Es macht seine eigenen Interpretationen, Bilder und "Wahrheiten". Es schafft immer neue Ziele.

Der Computer läuft nach genau vorgegebenen Schritten ab.

Beide unterliegen exakten, aber unterschiedlichen Gesetzen. Es sind zwei völlig unterschiedliche Systeme, die jeweils nur einzeln beschrieben werden können.

**Und noch ein paar Worte zur
künstlichen Intelligenz (KI):**

> **Intelligenz heißt, mit ihr möglichst zufriedenstellende Lösungen, Antworten auf Fragen und Probleme zu finden. Dabei geht es in der Regel um <u>ein Thema</u>.**
>
> **So umfassend wie die KI - bezüglich der möglichen riesige Menge an gespeicherten Infos - können Menschen nicht lagern, da das Gehirn nur einen beschränkten kognitiven Speicher enthält. Diesbezügliche Erinnerungen erlangt er über Ähnlichkeiten mit der vorliegenden Aufgabe, die via Gefühle gesammelt sind.**

Wenn man fragt, was reine Intelligenz ist, dann lautet die Antwort: Alles, was nicht vom Gefühl begleitet ist.

Dies ist dem Menschen fremd, weil in ihm in aller Regel beide Seiten (Kognition und Gefühl) mitspielen.

Die KI soll Antworten vorschlagen. Dazu durchforstet sie alle gespeicherte Daten, die zur Lösung gehören könnten.

So kann KI auf der Basis einer exakt definierten Frage in der Regel eine befriedigende Antwort geben.

Das Gehirn (mit seinem in ihm, für das Suchen befindlichen Geist) und die künstliche Intelligenz (mit ihren Algorithmen) beantworten Fragen, die in den gespeicherten Informationen gesucht werden.

Als lebendes Gewebe speichert das Gehirn diese vorwiegend mit Gefühlen und darüber hinaus kognitiv ab. Das liegt daran, dass Leben sich erhalten will. Und Gefühle dazu (bezüglich der Speicherung) sich im Verlauf der Evolution als platzsparende Möglichkeit bewährt hat.

Die KI, als Struktur ohne Gefühle, hat dieses Ziel nicht; speichert die Informationen also nur „kognitiv". Damit kann sie Fragen beantworten, die für Antworten keine Sinneswahrnehmungen benötigen (obwohl sie natürlich entsprechende intelligente Informationen über Lebewesen hinzufügen kann, die diese erleben).

Gegenüber dem Leben ergibt sich der Vorteil, dass Gefühle die Antworten nicht verzerren können. Etwa, wenn Antworten aus ethischen Gründen oder persönlichen Ansichten nicht passen.

Generell ist es so, dass, wenn ein Mensch sich etwas fragt, er nicht nur kognitive Antworten von sich selbst erhält, sondern ebenfalls gefühlsmäßige. Diese haben oft den Vorrang und beeinflussen das Resultat.

Dies ist bezüglich der KI nicht der Fall – kann es natürlich auch nicht, weil es keine Gefühle hat.

Wenn alle Informationen bezüglich eines bestimmtem Themas gespeichert werden, und dann die Frage aufkommt, wie man dieses für eine Aufgabenstellung nutzen kann, welche

Vorschläge es gibt, dann ist die KI, soweit es keine Gefühle betrifft, deutlich im Vorteil. Weil sie sehr viel mehr nützliche Daten und Informationen speichern kann, als das Gehirn, das in aller Regel auch gefühlsmäßig antwortet und dadurch die nüchterne Antwort eventuell verwässert – aber kreative (Gefühlsmäßige) Antworten liefert.

➢ *Das Leben begann vor ca. 3,5 Milliarden Jahren aus Materie – zusammen mit der Entstehung von Gefühlen. Es urteilt mit Erweiterungen bis heute bevorzugt durch sie.*

➢ *Die Künstliche Intelligenz bildet*

*Antworten aus Tat-
sachen (Fakten) –
unbeeinflusst durch
Gefühle.*

Teil 2

Vorwort

Der zentrale Fehler, den Menschen bis heute aus Unwissenheit begehen, ist zu glauben, dass ihre Gattung <u>nicht</u>, wie alles andere im Universum, ausschließlich nach Zielen abläuft, die Gesetzen unterliegen.

Man glaubt, etwas Außergewöhnliches zu sein, eine Sonderstellung einzunehmen.

Obwohl gebildete Menschen (aufgrund ihres Mittelpunktes) es wahrscheinlich abtun, kann dies Verhalten sehr deutlich als <u>Hybris</u> bezeichnet werden.

Die Folge dieser Einstellung ist, dass der Mensch Schwierigkeiten hat, sich selbst letztlich zu verstehen.

Und: Dass ihm sein Gehirn aus Gründen des Selbstwertgefühls alles Mögliche durch seinen

Mittelpunkt zeigt, um diesen Glauben (als Ziel) aufrechtzu-erhalten.

Wenn man aber erkennt, dass auch Menschen vollständig nach Gesetzen handeln, dann heißt das natürlich nicht, dass man keine Lebensfreude mehr hat. Seine Ziele sind immer noch da. Werden sie erreicht, hat er ein gutes Gefühl.

Aber: was dann (wenn man es anerkennt) nicht mehr funktioniert, ist der Glaube (als Ziel) an etwas Übernatürliches, Metaphysisches.

Ich gehe also davon aus, dass alles im Universum – auch der Mensch – Gesetzen unterliegt.

Und: Alles hat das Ziel, eine Struktur nach den Gesetzen zu bilden.

Daraus folgt:

▶ **Identische Substanzen unter identischen Umständen ergeben immer identische Ergebnisse.**

▶ **Der Grund dafür ist, dass alles nicht zu verändernden Gesetzen unterliegt.**

▶ **Ändert man Substanzen oder Umstände, dann treten auch andere Gesetze auf.**

Die zentrale Bedeutung der Ziele

Mit der Thematik:
> Gestaltpsychologie
> Universalgestalter
> Bewusstsein-Einschränkung
> Denkgewohnheiten
> Lebens-Einstellungen
> Todesangst
> Erkenntnisdrang

Willst du dich selbst erkennen, frage nach deinen Zielen.

Der wesentlichste Punkt ist deren Natur: Werden sie nicht erfüllt, drängen sie (mehr oder weniger), je nach dem augenblicklichen oder allgemeinen Wert in einem Selbst mit Gefühlen, irgendwie doch noch erreicht

zu werden – und sei es mit Alternativen.

> **„Ziele (synonym oft Werte) bestehen aus Netzwerken von Neuronen, Synapsen und Gliazellen. Diese wirken als Strickmuster und markieren bzw. generieren bei Aktivierung einen Weg dahin. Damit strukturieren sie – über Mittelpunkte – jeweils das Gehirn und in unmittelbarer Folge den Menschen und die Welt."**
>
> „Sie sagen, alle Lebewesen richten sich nach Zielen aus. Wie sind Sie darauf gekommen?", war *GP* neugierig.
>
> „Ich habe mich gefragt, warum Menschen tun, was sie tun. Und habe immer wieder beobachtet, dass Ziele (als Mittelpunkte) die Menschen gestalten – solange sie im Wachzustand der Aufmerksamkeit sind."
>
> „Und außerhalb des Wachseins?"

„Befindet man sich im Schlaf, oder ähnlichen Zuständen, in denen die Mittelpunkte in ihrem Wirken nachgelassen haben, und die Gehirnstruktur sich drastisch ändert. Etwa wird die Arbeit des Stirnhirns erheblich umgestaltet.

Der Unterschied zwischen Wachheit und dem Schlaf ist der, dass in der Ersteren die Mittelpunkte für eine Struktur sorgen; in den hier angestrebten Zielen hat das Stirnhirn einen erheblichen Anteil. Wohingegen sie im Schlaf teilweise bis auf null herabgesetzt sind (das Stirnhirn etwa ist dann teilweise blockiert – wie etwa die logischen Funktionen). So haben diese Mittelpunkte wenig Einfluss auf das Gehirn, das deshalb die seltsamsten Bilder hervorzaubern kann.

Nicht selten sind es irgendwie angeregte Emotionen, die mit lebhaften Fantasien ungezügelt als Realität erlebt werden.

Es sind also andere Mechanismen und Gesetze aktiv.

Alles läuft aber natürlich weiter nach Substanzen und Gesetzen ab – nur nach anderen etwa biochemischen Zielen."

„Wie definieren Sie ‚Ziele'?"

„Allgemein: Eine Struktur zu bilden, die zu dem angestrebten Endpunkt eines Weges führt. Dazu braucht es zweierlei: Einmal muss der Mensch in sich selbst eine Struktur bilden, und er muss die Welt in einer Struktur sehen, die einen geeigneten Weg zeigt. Und so machen es alle Lebewesen, weil deren ursprüngliches Ziel das Überleben ist."

„Das heißt, das Lebewesen strukturiert sich selbst, bringt sich in eine andere Gestalt?", fragte *GP nach*.

„Nein, das jeweilige Ziel bildet diese Form."

„Ziele haben ein sehr großes Gewicht in Ihren Theoriengebäuden", stellte *GP* fest.

„Tatsächlich wird davon alles strukturiert", nickte ich. „Nehmen Sie das
System Leben. In jedem Lebewesen
gibt es ein Spektrum an Zielen, die
sich relativieren, ablösen, miteinander
verbinden, gemeinsam agierende
Gruppen bilden, überdecken, um die
Vorherrschaft ringen und sich in einer
teilweise abwechselnden Hierarchie
ordnen. Ziele kommen hinzu, andere
verändern sich oder erlöschen. Jedes
Ziel hat bzw. erzeugt, wenn andere
Ziele hiervon berührt werden und Gefahr laufen, beeinträchtigt zu werden,
seine Gegenspieler. Und jede Handlung erfolgt durch ein Bündel von Zielen, die jeweils Strukturen entwickeln,
Kompromisse schließen, sich verstärken oder abschwächen. Viele Ziele
ändern sich im Laufe des Lebens, bis
auf die ganz tiefliegenden, z. B. der
Lebenstrieb. Dieser bleibt in aller Regel
immer bestehen, auch wenn man sehr
alt ist."

„Das hört sich sehr kompliziert an",
meinte *GP*.

„Ist es auch", nickte ich wieder. „Das
ganze System ist ungeheuer vielfältig
und verschachtelt. Das macht es so
schwierig, genau zu sagen, wo die
Triebfedern des Handelns herkommen.

Jedes Verhalten wird, wenn man es zurückverfolgt, im Lebenstrieb seinen Ursprung haben. Meist liegen zwischen diesem und dem augenblicklichen Verhalten sehr viele Zwischenstufen. Deshalb ist es oft schwer, die Verbindungen zu finden. Aber je jünger ein Lebewesen ist, umso leichter lassen sich diese feststellen. Im Laufe seines Lebens differenziert der Mensch immer mehr. Er baut sich, je nachdem, welche Ziele er in sich trägt, immer mehr aus."

„Kann man der Psyche nie auf den Grund gehen?"

„Nicht bis ins Kleinste. Wenn man aber versuchen will, sich selbst zu erkennen, hilft das Wissen, dass alles in einem von Mittelpunkten gestaltet wird – wie die Ziele des ICHs, die sich ja im Gehirn befinden und eine wesentliche Rolle spielen.

Letztlich kreisen die Menschen immer um die gleichen grundlegenden Ziele, nur der Inhalt ist jeweils anders. Das oberste Ziel ist in aller Regel der Lebenstrieb, der, wie es scheint, immer weiterwachsen und mehr will, dicht gefolgt von dem Ziel der Orientierung, dass dem Menschen sein Umfeld zeigt, welches für ihn von Wert ist, im positiven oder negativen Sinne, um entsprechend reagieren zu können. Der wesentlichste Gestaltungsfaktor ist dann die Gruppe – beginnend mit zwei Menschen – die Gesellschaft, in der man lebt. Das Ziel, anerkannt zu werden, ist wohl mit das stärkste, das einen im Leben gestaltet. So kann die Gesellschaft, in der man lebt, total zur eigenen Welt werden, d. h., sie kann einen über ihre Ziele, anders ausgedrückt: Werte, die u. a. durch den Sozialisierungsprozess verankert wurden, absolut gestalten und andere Ziele nicht zum Zuge kommen lassen."

„Sie sagen, ohne Mittelpunkt gäbe es kein Leben?"

„Lassen Sie mich noch mal definieren, was ich unter ‚Mittelpunkt verstehe: Er bedeutet die Welt, die erzeugt wird, um ein Ziel zu erreichen. Alles andere wird mehr oder weniger abgeschirmt. Er wählt aus dem, was er vorfindet und von dem er meint, dass es einen Wert für das Ziel hat, aus und gibt der Welt die Gestalt. Stellen Sie sich einmal das Unvorstellbare vor: ganz ohne Ziele zu sein. In Ihnen wäre nicht mehr das Ziel zu überleben, Ihre Bedürfnisse zu befriedigen, sich zu orientieren. Schon bei der Entstehung des ersten Lebens auf der Welt würden Sie das Ziel des Überlebens finden, das die ‚Sicht' gestaltete und die vorgefundene Welt in eine Form brachte.

Ein starkes Ziel kann den Menschen für eine gewisse Zeit völlig einnehmen und total strukturieren. Das kann man sehr gut an dem Phänomen der Liebe sehen oder wenn man eine Aufgabe vor sich hat, die einen völlig fesselt. Alles in einem selbst wird, soweit es geht, danach ausgerichtet."

„Sie meinten auch, die Ziele im Menschen sind hierarchisch ausgerichtet. Wollen Sie damit sagen, dass es eine Kommandozentrale im Gehirn gibt?"

„Nein, die gibt es nicht. Ich meine damit, dass der Rang umso höher ist, je wichtiger jeweils die Ziele sind. Zum Erreichen schließen sich Nervenzellen zu gemeinsam agierenden Gruppen, Ensembles, zusammen. Die Hierarchie kann sich ständig, nach den Anforderungen der Welt, ändern."

„Wann und wie sind diese Netzwerke eigentlich entstanden?"

„Die Gehirnentwicklung beim Menschen beginnt in der dritten Schwangerschaftswoche und ist erst 20 bis 30 Jahre nach der Geburt, weitgehend abgeschlossen.

Der Säugling besitzt schon zum Zeitpunkt seiner Geburt quasi die komplette Menge an Neuronen, aber nur einen sehr geringen Teil der Nervenfortsätze, also Synapsen. Diese vermehren sich dann in atemberaubendem Tempo und vernetzen die Neuronen.
Sie werden dann verstärkt oder lösen sich wieder auf."

„Nach welchen Regeln?"

„Nach den jeweiligen Zielen. Es kommt darauf an, welchen Wert sie haben und wie intensiv sie genutzt werden. Die Erfahrungen mit der Umwelt bestimmen, welche Nervennetze stärker werden, Bestand haben und welche nicht."

„Ausschlaggebend dafür sind also die Erfahrungen, die das Lebewesen in den verschiedenen Phasen macht?"

„Auch die Vererbung spielt eine gewichtige Rolle in den Neuronennetzen. Schätzungen bezüglich Anlage und

Umwelt gehen davon aus, das beide im Großen und Ganzen je die Hälfte beisteuern. Welche Verteilung sie im Einzelnen auf sich vereinen, liegt an den jeweiligen Zielen.

Je wichtiger etwas für ein Lebewesen ist, umso mehr lernt es in dieser Beziehung. Neuronennetze werden verstärkt, umgestaltet, bilden sich neu oder erlöschen."

„Reagieren die einzelnen Neuronen nur auf einen speziellen Impuls?"

„Nein, sie können auf verschiedene Anregungen mit jeweils anderen Neuronen Strukturen bilden, haben sozusagen Mehrfachfunktion: Für die jeweiligen Ziele wohnt vielen Nervenzellen die Möglichkeit inne, sich in Millisekunden auf einen Impuls hin mit anderen Zellen, die ein gleiches Potenzial in sich haben, zu organisieren.

Nehmen Sie etwa eine lebensbedrohende Situation. Diese strukturiert über diverse aktivierte Neuronen blitzschnell die innere Struktur um. Je mehr das Leben, das Überleben betroffen ist, umso stärker sind die Aktivitäten."

„Es wird also kein Befehl von ‚oben‘ gegeben?“

„Der ‚Befehl‘ ist die Wahrnehmung über die Sinne, die einen Impuls auslöst, der dann vom Gehirn in Reaktionen umgesetzt wird – wenn ein Ziel dafür vorhanden ist und der Impuls die entsprechende Wertigkeit besitzt.“

„Was entscheidet über die Wertigkeit?“

„Die in einem liegenden Ziele.“

„Aber, wenn Sie sagen, dass der Lebenstrieb in aller Regel ganz oben in der Hierarchie steht, dann müsste der doch irgendwo zu finden sein!“

„Er liegt in den Urstrukturen der Lebewesen, die es über die DNA weitergegeben haben.“

„Könnte man die Ziele im Menschen als Neuronenverbände definieren, die u. a. durch Reize angeregt werden, eine Struktur zu bilden?“

„Ja. Und im gleichen Stil, wie Neuronen Mehrfachfunktionen haben können, ist es auch mit den einzelnen Zielen: Sie können sich zu Gruppen organisieren – zu Zielen, die Handlungsgestalten bilden können. Immer werden dann parallel diverse Ziele stimuliert, die gemeinsam Strukturen bilden."

„Lassen Sie mich wiederholen: Der Impuls, der Reiz von außen oder innen aktiviert Ziele, diese aktivieren weitere Neuronennetze und diese wieder Lösungsprogramme."

„So ist der Ablauf", bestätigte ich.

„Wenn man von einem Mittelpunkt in den anderen geht, ist es dann so, dass man von einem Neuronennetz in ein anderes wechselt?"

„Genau."

„Noch einmal gefragt: Alles unterliegt Zielen?"

„Ja, ob anorganisch oder organisch."

„Also nicht nur die Lebewesen?"

„Schauen Sie: Nach dem sogenannten Urknall im Universum gab es hauptsächlich Wasserstoff, Helium und etwas Lithium und Beryllium. Aus diesen Gasen entwickelten sich dann unter großen Gravitationsdrucken und Kern-

reaktionen Galaxien mit Sonnensyste-
men und Planeten, und es bildeten
sich in dieser Zeit alle Elemente, die
wir heute kennen. Alles dies war bis zu
einem bestimmten Zeitpunkt anorganisch."

"Und wurde aufgrund von Zielen geformt?"

"Wenn Substanzen oder deren Umgebung geändert werden, ergeben sich
andere Formen und Gesetze. **Denn
alles hat das Ziel, eine Gestalt
nach den Gesetzen zu bilden.** Genau dem unterliegt auch alles Organi-
sche. Gemeinsam ist ihnen also, dass
sie von Zielen und Gesetzen gesteuert
werden. Aus dieser Perspektive gibt es
keinen Unterschied zwischen Unbeleb-
tem und Belebtem.
Bei Letzterem kommen ‚nur‘ noch die
Ziele des Überlebens hinzu, die zu immer komplexeren Strukturen geführt
haben."

„Warum sieht man oft nicht, dass Ziele
einen gestalten?"

„Ganz einfach deswegen, weil man glaubt, man gestaltet sich selbst, mit seinem Bewusstsein."

--- Gestaltpsychologie ---

GP überlegte. Dann sagte er: „Sie kennen sicher **Max Wertheimer**[1], der ausführte: ,Es gibt Zusammenhänge, bei denen nicht, was im Ganzen geschieht, sich daraus herleitet, wie die einzelnen Stücke sind und sich zusammensetzen, sondern umgekehrt, wo sich das, was an einem Teil dieses Ganzen geschieht, bestimmt wird von inneren Strukturgesetzen dieses seines Ganzen.'"

Ich nickte. „Diese inneren Strukturgesetze ergeben sich durch Ziele im Menschen; sie nehmen auf, für was er empfänglich, was für ihn wichtig ist und speichern dies als eine Ganzheit. Das sind z. B. beim Musikhören natürlich die Melodie und nicht die einzelnen Instrumente.

---

[1] http://www.lern-psychologie.de/kognitiv/wertheimer.htm

Jeder musikalischer Mensch hat seine persönliche Harmonie in sich, die von seinem Talent abhängt. Damit vergleicht die Sensorik die von außen kommende Melodie. Trifft diese nicht den Ton, dann wird diese als unharmonisch empfunden.

Diese ganzheitliche Sicht ist eine wichtige Eigenschaft aller Lebewesen."

„Die Gestalttheorie Wertheimers versucht also, die Gesetze zu klären, nach welchen das Gehirn Elemente zu einem Ganzen zusammenfügt", schloss *GP*.

„Diese erklären sich weder aus den Gesetzen der einzelnen Teile noch aus deren Summe", ergänzte ich. „Sie erklären sich aber durch das jeweilige Ziel im Menschen, das alle Teile mit seinem Mittelpunkt in eine dem Ziel angemessene Struktur bringt, die dann im Gehirn gespeichert wird.

Das ganzheitliche Erkennen macht Sinn, um mit Situationen besser und schneller umgehen zu können."

„Ich fasse es noch einmal zusammen",
sagte *GP*. „Die ganzheitliche Sichtweise des Gehirns hat das Ziel, schnelle
Entscheidungen fällen zu können –
würde es jedes Mal auf alle Details
eingehen, dann verzögert dies sein
Erfassen bzw. seine Entscheidung.
Diese ganzheitliche Sicht entsteht im
Menschen durch Erfahrungen, die er in
ähnlichen Situationen schon mal gemacht hat. Da diese aber nur ähnlich
sind, heißt das nicht unbedingt, dass
sie bezüglich dieses Zieles angemessen ist, bzw. das vor einem Liegende
richtig deutet."

„Richtig. In der Regel ergibt sich
dadurch eine Struktur, mit der man
umgehen kann, ohne sich in Details zu
verlieren.

--- Universalgestalter ---

„Und Sie sagen, alles im Universum
wird von Zielen gestaltet?", war *GP*
weiter neugierig.

„Ja, alles hat das Ziel, eine Gestalt
nach den jeweiligen Gesetzen zu bilden. Alles richtet sich nach Zielen
aus."

„Auch ein lebloser Stein?" *GP* schmun-
zelte.

„Mit ‚lebloser Stein‘ meinen Sie wahrscheinlich etwas, das irgendwo herum-
liegt. Nun, dazu möchte ich sagen:
Erstens ist schon innerhalb des Steines
Bewegung, weil er aus Atomen besteht
bzw. aus noch kleineren Teilchen-
Wellen, die eben nicht bewegungslos
sind und auch nach Gesetzen ablaufen.
Und zweitens: Wenn dieser Stein bewegt wird, dann bildet er mit seiner
Umgebung, den Umständen eine bestimmte Struktur nach den Gesetzen.
Das meine ich, wenn ich sage: Alles
hat das Ziel, eine Gestalt nach den
Gesetzen zu bilden."

„Könnte ein Stein auch ohne Gesetze
eine Struktur bilden?"

„Wie denn? Das ist unmöglich, weil die
Gesetze den Substanzen innewohnen.
Nichts kann ohne Gesetze ablaufen,
weil die Substanzen Gesetze sind."

„Und daher sind Sie zu dem Schluss
gekommen, dass alles das Ziel hat,
eine Gestalt nach den Gesetzen zu
bilden."

„Richtig, dies geschieht ganz automatisch. Es ist nicht so, dass ein Stein etwa ein Bewusstsein hätte, das darauf aus ist, Informationen zu erhalten. Er lebt ja nicht. Da aber, wie gesagt, alles nach Gesetzen abläuft, ergibt sich automatisch das Ziel, Strukturen nach den Gesetzen zu bilden.

Das Gleiche geschieht mit den Lebewesen, nur dass hier das Ziel des Überlebens hinzukommt. Dieses Ziel gestaltet den Menschen. Dies nenne ich Mittelpunkt oder Mittelpunkt-Mechanik.

Stellen Sie sich mal einen Menschen vor, der keine Ziele mehr hat. Also nicht mehr isst, trinkt usw. Was würde mit dem geschehen?"

„Der würde wohl sterben."

„Nebenbei: Ohne ein Ziel würde auch der Placebo-Effekt nicht funktionieren. Das Ziel ist hier, mittels Medikamente etwas zu erreichen. Dies erzeugt einen Mittelpunkt, der alles heranzieht, was für dieses Ziel brauchbar ist. Natürlich auch Erfahrungen, die gemacht wurden, als man schon mal irgendwelche Medikamente einnahm, die halfen. Die Logik des Gehirns ist: Wenn jetzt ein geeignetes Medikament, das von einem kompetenten Menschen kommt, gegen diese Krankheit genommen wird, dann wird sich auch dieses Ziel erfüllen.

Dadurch kann sich die innere bisherige Struktur in dieser Beziehung bis hin zur Erfüllung des Ziels verändern: von Krankheit zur Gesundheit.“

„Und das wird vom Gehirn gemacht, nur weil dies ein Medikament ‚erkannt‘ hat, das aus dessen Sicht hilft?“

„Ja, dies reicht, durch seine Ähnlichkeit. Es sei denn, dass etwa das Bewusstsein (besser: Die Sensorik) die Information gibt, dass in dem Medikament gar kein Wirkstoff ist oder man dem nicht mehr traut, der dieses Medikament verschrieben hat. Dies würde die Wirkung stark einschränken bzw. zunichtemachen.

--- Bewusstsein-Einschränkung ---

Die weitaus überwiegende Anzahl menschlicher Reaktionen sind nicht bewusst. Bewusst wird nur ein sehr kleiner Teil, und zwar immer dann, wenn etwas Wichtiges auftritt. Dann werden über das Bewusstsein (also durch verstärkte Sinne) Informationen eingeholt. Sind sie relevant, verarbeitet das Gehirn sie mit den Mittelpunkten.

Alle anderen Reaktionen und Verhaltensweisen erfolgen über die allgemeine Aufmerksamkeit.

Aufmerksamkeit schweift; nimmt die Außen- und Innenwelt mit den Sinnen mehr locker auf.

(Dies ist das Grundprinzip allen Lebens: dadurch besonders Informationen über Gefahren und Nahrungsmittel-Ressourcen zu erfahren).

Bewusstsein, also verstärkte Aufmerksamkeit, beschäftigt sich gezielt mit etwas.

„Aber das muss ja eine unglaubliche Menge an Zielen mit deren Mittelpunkten sein, die den Menschen gestalten!"

„Ja, das kann man wohl sagen. Alleine eine so simple Handlung wie eine Zeitung in die Hand zu nehmen, bedarf vieler gelernter Ziele, die zusammengefasst wurden und dann automatisch ablaufen.

Immer wieder höre ich, dass Menschen Schwierigkeiten haben, zu begreifen, dass alles von Zielen geleitet wird, also auch sie selbst. Ich glaube, es ist das tägliche Leben, das sie diesen Satz nicht verstehen lässt. Weil alles so selbstverständlich ist, was geschieht. Würden sie etwas tiefer schürfen, dann könnten sie sehen, dass jede Handlung, jede einzelne Bewegung von Zielen gesteuert wird und sie bewegt. Zum Beispiel der Griff zum Wasserglas und daraus trinken."

„Viele Menschen, mit denen ich sprach, haben tatsächlich Schwierigkeiten zu verstehen, was mit ‚Ziel‘ gemeint ist", *GP* nickte. „Für sie ist ein Ziel etwa, eine Aufgabe zu erledigen oder etwas anzustreben. Aber eine so einfache Sache, wie einen Löffel zum Mund zu führen, ist für sie kein Ziel!"

„Weil es automatisch abläuft, ohne dass sie diesem Vorgang weitere Beachtung schenken. Würden sie dem auf den Grund gehen, dann kämen sie der Tatsache näher, dass jede einzelne Handbewegung erst gelernt werden musste. Die Motivation dazu waren Ziele.

Denn das ist ja gerade das Tückische für die Erkenntnis, dass man einfache Handlungen als selbstverständlich nimmt und nicht weiter darüber nachdenkt. Nicht realisiert, dass ganz bestimmte zielorientierte Abläufe dahinterstecken."

„Ja, das stimmt", bemerkte *GP* nachdenklich.

„Viele erstaunliche Leistungen von Menschen, die oft auf Inselbegabungen beruhen, z. B. sich in kürzester Zeit eine große Anzahl von Sachen zu merken, komplexe Rechenoperationen in wenigen Sekunden auszuführen oder eine neue Sprache außergewöhnlich rasant zu erlernen, wären ohne ein Ziel nicht möglich. Dies gibt die Struktur vor, die zur Lösung führt. Auch die künstliche Intelligenz, die ja mit Algorithmen arbeitet, kommt ohne ein vorgegebenes Ziel nicht zu einem Abschluss."

Ich machte eine kurze Pause. Dann fuhr ich fort:

„Bis zum 16. Jahrhundert kannten die Menschen so gut wie gar keine Gesetze. Alles war aus ihrer Sicht von Gott bestimmt. Aber auch in unserer Zeit sind viele weit davon entfernt zu sehen, dass alles von Zielen gesteuert wird, meinen, dass die meisten Sachen sowieso von selbst geschehen und betrachten das Bewusstsein nach wie vor als etwas Metaphysisches oder so. Diese Ansichten haben sich von Generation zu Generation übertragen und prägen immer noch einige Philosophen und Menschen, die sich mit diesen Themen beschäftigen. Alle anderen nehmen das in der Regel einfach so hin, weil sie gar nicht darüber nachdenken.“

„Warum sieht man oft nicht, dass Ziele einen gestalten?“

„Ganz einfach deswegen, weil man glaubt, man gestaltet sich selbst, mit seinem Bewusstsein.“

„Was wäre, wenn sie ihre antiquierten Ansichten über Bord werfen würden und einmal die Überlegung anstellen, ob das Bewusstsein nicht tatsächlich lediglich ein Informationslieferant für das Gehirn ist?"

„Dafür sind die meisten Menschen in ihren Ansichten, ihren Denkgewohnheiten zu sehr gefangen. In den wenigsten liegt das Ziel, den Abläufen in ihnen auf den Grund zu gehen, sich, wie bei diesem Thema, einmal intensiv mit dem Verlauf ihres Bewusstseins zu beschäftigen. Hinzu kommen noch unzählige Menschen, die in der Welt der Esoterik, der Mystik leben und, wenn sie diese Einsicht annehmen würden, ihre Welt verletzen. Denn das Bewusstsein ist ein wesentliches Element in dem mystischen Weltbild, das von einem ‚metaphysischen' Ziel mit seinem Mittelpunkt in ihnen gestaltet wird."

„Sie meinen, dieses Ziel erzeugen sie selber?"

„Sicher. Ohne es zu merken."

„Die Wahrheit interessiert sie nicht, wollen Sie damit auch sagen?", meinte *GP*.

„Die Wahrheit interessiert sie schon“, entgegnete ich, „aber nur ihre Wahrheit.

Man kann dies als das Drama des geblendeten Menschen bezeichnen. Ihr Mittelpunkt, die mystische Welt, umgibt sie wie eine Glocke, die alle anderen Ansichten und Beweise abschirmt.“

„Schade“, bedauerte *GP*, „ich selbst finde es immer sehr spannend, neue Ansichten zu hören und darüber zu diskutieren.“

„Das geht mir genauso“, ich nickte. „Leider ist es oft so, dass jeder von uns ein Weltbild in sich hat, das ein mehr oder weniger starkes Beharrungsvermögen beinhaltet. Änderungen lieb gewordener Einstellungen werden nur ungern vorgenommen.

So transportieren sich z. B. eingebrannte Bilder und Vorstellungen der Kultur, in der man aufwuchs, von Generation zu Generation. Nur zu selten werden diese hinterfragt, und wenn, dann oft mit schlechten Gefühlen, weil man damit gewachsene Strukturen infrage stellt: in sich und der Gesellschaft. Es bilden sich schnell Widerstände, die mit allen zur Verfügung stehenden Mitteln versuchen, die alten Strukturen aufrechtzuerhalten."

„Selbsterkenntnis gehört scheinbar nicht zu den Zielen vieler Menschen", meinte *GP*.

„Diesen Eindruck habe ich auch. Zur Selbstkenntnis kommt man durch Selbstbeobachtung. Wer macht das schon?"

„Komisch, ich habe Spaß daran, mich selbst zu beobachten und muss manchmal herzlich über mich lachen, wenn ich Dinge falsch gesehen oder auf einem irrtümlichen Standpunkt beharrt habe. Durch Selbstbeobachtung kommt man sich näher, sieht Züge an sich, die einem noch nicht aufgefallen sind, besonders in neuen oder kritischen Situationen.

Vielleicht liegt es auch daran, dass ich mich und mein Verhalten akzeptieren kann, mit dem Satz: ‚Was geschah, musste geschehen, wie es geschah'".

„Mir geht es genauso", bestätigte ich. „Deshalb macht es mir auch Spaß, mich mit Ihnen zu unterhalten. Ich habe schon viel von Ihnen gelernt."

„Das Kompliment kann ich zurückge-
ben, die Gespräche mit Ihnen sind
sehr anregend für mich.

Welche Ziele sollte man haben?", fuhr
er fort.

„Das kann ich so nicht beantworten.
Jeder hat seine eigenen Werte. Ich
kann hier nur für mich selbst sprechen, für meine Ziele: Das Wichtigste
für mich ist Erkenntnis. Darin kann ich
völlig aufgehen.

Was mir dabei gerade einfällt: Unzu-
friedenheit richtet sich immer nach der
Höhe der Erwartung.“

„Sie meinen, ausschlaggebend ist das
jeweilige Ziel?“

„Je genauer man ein Ziel erreicht hat,
umso höher ist die Zufriedenheit – und
umgekehrt. Hier kann man Wurzeln für
Euphorie und besonders Depression
finden.

Daher sollte man sich genau überlegen, welche Ziele man sich vornimmt.
Sind es falsche Ziele, z. B. die nicht zu
erreichen sind, dann öffnet man der

schlechten Laune bzw. Depressionen Tür und Tor. Falsche Ziele können die Psyche stark belasten."

--- Lebens-Einstellungen ---

„Haben Sie Ideale?"

„Eigentlich nicht, es sei denn, Sie rechnen die Wahrheitsfindung dazu."

„Würden Ihnen Reichtum und Ruhm etwas geben?"

„Wenn mir der Sinn nach Reichtum stehen würde, dann müsste ich für die Leute nach deren Erwartungen schreiben. Also etwa Märchen, Sex, Crime. Das wären keine erstrebenswerten Ziele für mich. Ich bin mit meinem Leben, in dem ich nach neuen Erkenntnissen suche, absolut zufrieden. Vom Reichtum hätte ich nichts, weil das, was ich wissen möchte, in erster Linie in mir liegt und von alleine spontan hochsteigt und mich antreibt. Viel Geld würde mir in dieser Beziehung also nicht helfen.

Und Ruhm könnte in mir vielleicht Eitelkeit erzeugen, die meinen eigentlichen Zielen nicht hilft, sondern eher hinderlich ist. Er könnte mich davon abhalten, meine Thesen von Zeit zu Zeit immer wieder zu hinterfragen und eventuell auf sie, auch gegen berechtigte Einwände, zu beharren.

Beispiele von berühmten Persönlichkeiten gibt es hierfür ja genug."

„Sie sind anders als die meisten Menschen."

„Das habe ich nicht angestrebt. Ich bin so, wie ich bin, und so nehme ich mich auch."

„Warum streben Menschen nach Größe, danach, immer mehr haben zu wollen?"

„Ein Grund wird die Eitelkeit sein. Ich nenne es ‚Ichtelkeit'. Ein wesentliches Element des Lebens ist die Anerkennung in der Gruppe, der Gesellschaft. Die generellen Gründe werden in den Urstrukturen liegen."

„Deshalb streben Menschen nach Reichtum, bauen immer höhere Gebäude, kleiden sich auffällig, zeigen, was sie haben, versuchen, eine hohe Position in der Gesellschaft zu erreichen?"

„Ich denke, dies ist die Triebkraft. Von diesem Ichtelkeit-Mittelpunkt werden viele Menschen gestaltet."

--- Todesangst ---

„Haben Sie Angst vor dem Tod?"

„Ich weiß, dass der Mittelpunkt ‚Lebenstrieb' diese Angst erzeugt, um den Menschen anzutreiben weiterzuleben. Es ist ihm z. B. egal, ob man todkrank ist und unter grauenhaften Schmerzen leidet oder nur noch den Wunsch hat, man möge sterben. Da ich den Grund weiß, fällt es mir einfacher, mit diesen Gefühlen umzugehen. Und: Wenn man tot ist, entfällt der Grund sowieso, Gefühle spielen dann logischerweise keine Rolle mehr."

„Warum glauben viele, dass der Tod etwas ganz Schlimmes ist?"

„Weil der Lebenstrieb einem alles Mögliche vorgaukelt. Er ist mit der stärkste Mittelpunkt im Lebewesen."

„Aber er ist letztlich auch nur ein Ziel."

„Natürlich. Deshalb ist z. B. der Freitod auch nichts Verwerfliches. Wer dies glaubt, gibt lediglich sein Gefühl, seine eigene Meinung bzw. die der Gesellschaft, in der er aufgewachsen ist oder lebt, wieder."

„Und die eigene Meinung ist immer relativ", ergänzte *GP*.

„Was halten Sie von Nahtoderlebnissen?", erkundigte er sich weiter.

„Sterben ist das Erlöschen der Organfunktionen eines Lebewesens, was zum Tod führt.

Erlebnisse kann man immer nur über die Sinne erlangen, die diese Informationen an das Gehirn schicken, damit es sich ein Bild machen kann. Und solange dies nicht tot ist, ist es fähig, Fantasien zu erzeugen. Sind die Sinne und das Gehirn tot, dann erlebt man auch nichts mehr.

Nahtoderlebnisse kommen eindeutig aus dem Gehirn. Und das Gehirn liegt mit dem, was aus ihm herauskommt, leider nicht immer richtig – dass sehen wir sehr deutlich an den Träumen.

So sollte man Nahtoderlebnissen keine große Bedeutung beimessen."

--- Erkenntnisdrang ---

„Kann man sagen, Herr Hermsch, Sie sind sich immer selbst auf der Spur?"

„Das ist so nicht ganz richtig: Ich habe aber oft spontan Gedanken und Gefühle, denen ich nachgehe, mit denen ich mich intensiv befasse. Ich recherchiere, vergleiche, falsifiziere und verifiziere und versuche, falls sie mich in meinem Erkenntnisdrang weiterbringen, diese schließlich verständlich zu Papier zu bringen. In der Hoffnung, Kritik zu bekommen, falls ich mit einer Ansicht falsch liege.

Hinzu kommt noch ein eigenartiges Perfektionsstreben in der Beziehung, dass ich Fragen, die in mir sind, bis ins Kleinste beantworten möchte. Diese Ziele sind in mir nachhaltig, also auch wenn ich Fragen beantwortet habe, tauchen diese immer mal wieder auf und bringen mich dazu, zu überprüfen, ob meine Antwort richtig war oder Fehler hatte."

„Aus Unsicherheit?"

„Aus Offenheit und Perfektionsstreben."

„Es ist also nicht nur der Drang nach einer Beantwortung da, der dafür sorgt, dass Ihnen etwas einfällt, sondern er besteht auch danach?"

„Durch dieses Perfektionsstreben fallen mir Antworten aus mir selbst zu. Und da diese Ziele in mir nachhaltig sind, gibt es dafür scheinbar nie ein Ende. Deshalb ist mir Kritik wichtig. Und deshalb schreibe ich.

Darüber hinaus wirft die Beschäftigung mit einer Frage oft immer neue Fragen auf. So kommt mein Erkenntnisdrang eigentlich nie zu einem Abschluss.

Auch während des Einschlafens sind plötzlich Gedanken oder Ideen da, etwa über Themen, mit denen ich mich mal beschäftigt hatte, mir aber keine Lösung eingefallen war.

Ich mache mir dann kurz Notizen, weil ich die Erfahrung machen musste, dass, wenn ich es nicht gleich aufschreibe, die Gedanken am nächsten Tag verschwunden sind. Ein willentliches Zurückholen dieser Ziel-Lösungen ist mir danach, wenn ich wieder aufgewacht bin, nicht möglich."

„Das alles scheint Ihnen viel zu geben", mutmaßte *GP*.

„Darin kann ich völlig aufgehen", bestätigte ich.

Gesetze, die imma-
nent und unveränder-
lich sind

> 1. **Identische Substanzen unter identischen Umständen ergeben immer identische Ergebnisse.**
>
> 2. **Der Grund dafür ist, dass alles nicht zu verändernden Gesetzen unterliegt.**
>
> 3. **Ändert man Substanzen oder Umstände, dann treten auch andere Gesetze auf.**

Das heißt auch: Es gibt keine Substanzen ohne Gesetze.

**Niemand kann sie trennen oder
ändern. Die Formel: Substanzen
= Gesetze ist universell.**

Mit der Thematik:

> Kausalität
> Wahrscheinlichkeitsrechnung
> Chaos
> Physikalische Gesetze und Gott?
> Sinn des Lebens nur durch Religion?
> Akzeptanz der Natur
> Regeln von Gut und Böse

GP bemerkte: „Deine Definition für ‚Gesetze' lautet: Identische Teile oder Wellen unter identischen Umständen ergeben immer identische Strukturen."

Ich nickte.

„Gibt es denn etwas, was identisch ist?", fragte er skeptisch.

„Das ist eine gute Frage. Ich habe den Satz deshalb so formuliert, damit er eindeutig, wohldefiniert ist.
In der Regel drücke ich ihn modifiziert aus: Je ähnlicher sich Substanzen und die Umstände sind, umso ähnlicher sind auch die sich daraus ergebenden Strukturen bzw. Gesetze.

154

Aber zurück zu deiner Frage: Ich würde ‚identisch' so beschreiben: Eine Substanz – mit oder ohne Masse (wie z. B. Elementarteilchen) – die in allen Eigenschaften mit einer anderen übereinstimmt. Daraus folgt, dass beide auch nach identischen Gesetzen ablaufen.

Wenn ‚identische Substanzen unter identischen Umständen' nicht ein identisches Ergebnis erzielen, dann waren entweder die Substanzen oder die Umstände nicht identisch.

„Gibt es etwas im Inhalt des Universums, das nicht nach Gesetzen abläuft?"

„Nein, Gesetze sind allem inhärent.

Deswegen ist auch nicht alles möglich, sondern nur, was die Gesetze zulassen."

„Du behauptest auch, alle Gesetze sind ewig", fuhr *GP* fort.

„Das ist richtig, die gleichen Substanzen unter den gleichen Umständen ergeben immer das Gleiche. Niemals kann man ein Gesetz ändern. Sobald man aber von einer Substanz etwas abzieht oder hinzufügt, ergeben sich andere Gesetze.

Als Beispiel eignet sich die Gestalttheorie[2]. Sie sagt, man kann das Wesen von etwas nur aus seiner Gesamtheit erfassen, also nicht, wenn man es auf die einzelnen Stücke, aus dem dieses besteht, reduziert. Aus der Gesamtheit, die letztlich immer das Gehirn erstellt (und damit etwas zufügt), ergibt sich also eine neue Gesetzmäßigkeit und Sicht das Menschen."

„Wo kommen die Gesetze her, wer hat sie gemacht?", forschte *GP* weiter.

„Die hat niemand gemacht, ebenso wenig, wie jemand das Universum kreiert hat. Sie sind, wie gesagt, den Substanzen inhärent."

Es gibt keine Substanzen ohne Gesetze.

---

[2] https://wiki.infowiss.net/Gestalttheorie

„Die Gesetze sind also in den Substanzen und der jeweiligen Umgebung", überlegte *GP* laut.

„Das kann jeder nachprüfen", ich nickte. „Die gleichen Dinge – oder Substanzen – unter den gleichen Umständen ergeben immer wieder das Gleiche. Das ist ein universelles Gesetz.

Dies ist in der Makrowelt ebenso wie in der Mikrowelt, der Welt der kleinsten Teilchen-Wellen, gültig. Nur dass die Mikrowelt für Einwirkungen, etwa Wechselwirkungen, anfälliger ist, und die Gesetze hier schwieriger zu ermitteln sind."

„Warum ist es nur wenigen aufgefallen, dass **alles** nach Gesetzen abläuft?", fragte GP nun nachdenklich.

„Weil die Welt kontinuierlich in Bewegung ist. Diese Bewegung erzeugt ständig neue Konstellationen, die jeweils wieder nach anderen Gesetzen ablaufen.

Für das Überleben wäre wohl die Erkenntnis, dass alles nach Gesetzen abläuft, nicht wichtig. Wichtig ist, auf Veränderungen angemessen zu reagieren. Daher bestand kein Ziel, exakt

nachzuprüfen, ob die gleichen Substanzen unter den gleichen Umständen
immer ein gleiches Ergebnis erzielen –
was ja als Definition der Gesetze gilt.

Aber jeder, der versucht, diesen Satz
zu widerlegen, wird zu dem Schluss
kommen, dass er nicht zu entkräften
ist."

--- Kausalität ---

„Was ist mit der Kausalität?", war *GP*
weiter neugierig. „Sie sagt ja aus, dass
jede Wirkung eine Ursache hat."

„Die ist in der Makrowelt ebenso wie in
der Mikrowelt, der Welt der Quanten,
gültig. In der Makrowelt, in der wir
leben, ist dies offensichtlich, wenn
man lange genug nach der Ursache
sucht.

In der Mikrowelt ist dies nicht sofort
klar. Da in der Quantenwelt schwieriger gemessen oder beobachtet werden
konnte, ohne in den Ablauf einzugrei-
fen, ist hier natürlich sehr oft der Zufall vertreten. (Zufall heißt ja Nichtwissen.) Hier ist die Kausalität natürlich
auch vorhanden, weil die inhärenten
Gesetze der Elementarteile und die
lokale bzw. nichtlokale Umgebung die

Ursache für die Wirkungen sind. Dadurch bilden sie ihre Strukturen."

„Das Problem ist also nicht", folgerte *GP*, „dass in der Quantenwelt etwa nicht alles nach Gesetzen abläuft, sondern dass man diese sehr viel schwieriger beobachten und messen kann. Man hat es also hier generell mit einem Mess- bzw. Beobachtungsproblem zu tun?"

„Dafür wird gerne das Wort ‚Zufall' benutzt", ich nickte. „Heute lässt sich durch wechselwirkungsfreie Quantenmessung sehr gut messen.

Jedenfalls: Hier kommt besonders ein Satz zum Tragen, den man nicht vergessen sollte: ‚Alles hat das Ziel, eine Struktur nach den Gesetzen zu bilden.' Richtet man sich danach, verliert die Quantenmechanik das Geheimnisvolle, und man nimmt es als naturgegeben hin."

„Wie könnte man sich Elementarteilchen, z. B. ein Elektron vorstellen, das gleichzeitig Welle und Teilchen ist?", war er weiter neugierig.

„Viele Elementarteilchen unterliegen dieser Tatsache. Wir sind es ja gewohnt, uns entweder das eine oder andere vorzustellen, etwa kurz hintereinander. Sich gleichzeitig ein Teil in zwei exakt entgegengesetzten Eigenschaften vorzustellen, ist uns nicht möglich, z. B. sich eine Katze gleichzeitig tot und lebendig zu denken.

Eine Hilfe kann das Yin- und Yang-Symbol sein. Dies soll ausdrücken, dass entgegengesetzte Eigenschaften eins sind. Wenn man sich darin versenkt, löst sich dieses Bild in eine ungegenständliche Wolke auf. So eine Wolke ist auch die Wirklichkeit der Elementarteilchen.“

„Atome bestehen aus Elementarteilchen, wie Elektronen, Protonen, Neutronen, (und kleineren Elementen, wie: Quarks, Leptonen usw.) also aus virtuellen Wolken“, überlegte *GP*.

„Ja, Atome und deren Bestandteile sind Wolken, in denen Teilchen und Welle eine Einheit bilden. Sie laufen nach ihren inhärenten Gesetzen ab, die bestimmen, wann sie zerfallen.

Dass der Mensch keine Vorhersagen durch Beobachten oder Messen über den Zerfall eines Atoms machen kann, sollte nach dem eben Gesagten klar sein. Vielleicht kann man sich noch die virtuellen Wolken vorstellen, aber dann auch noch die jeweiligen Gesetze erkennen, nach denen sie ablaufen ist quasi unmöglich.“

„Also: Nur weil wir keine genaue Voraussage über den Zerfall eines Atoms machen können, daraus dann zu schließen, dass etwas aus dem Nichts geschieht, entbehrt jeder Grundlage“, schloss *GP*.

--- Wahrscheinlichkeitsrechnungen ---

„Das ist eindeutig“, stimmte ich zu. „Die Teilchen-Wellen-Wolken sind für den Menschen unanschaulich bezüglich des genauen Ablaufs. Am besten man bemüht die Mathematik. Denn diese kann sehr genaue Vorhersagen mit der Wahrscheinlichkeitsrechnung machen.

Das ist aber nur möglich, weil alles nach Gesetzen abläuft. Und weil die Zahl der Variationsmöglichkeiten in einem System zwar sehr vielfältig, aber endlich ist.

Deshalb ist auch nicht alles möglich.

Albert Einstein fragte einmal[3]: ‚Wie kann es sein, dass die Mathematik, letztlich doch ein Produkt menschlichen Denkens, unabhängig von der Erfahrung, den wirklichen Gegebenheiten so wunderbar entspricht?‘

Meine Antwort: Weil das wahre Geschehen Gesetzen unterliegt. Und weil die jeweilige Menge der Strukturen, die in dieser Beziehung eine Rolle spielen, begrenzt ist.

Das ist zu verstehen, weil mathematische Wahrscheinlichkeitsrechnungen sonst keine klaren Aussagen machen könnten.

--- Chaos ---

„Man sagt ‚Chaos‘ und meint damit völlige Unordnung“, fiel *GP* ein. „Du sagst, auch im Chaos läuft alles nach Gesetzen ab?“

„Mit der Unordnung meint man, dass Vorhersagen über den Verlauf nicht möglich sind?“, fragte ich zurück.

„Ja“, *GP* nickte.

---

[3] https://gutezitate.com/zitat/134976

„Und wenn Voraussagen nicht möglich sind, dann herrscht Unordnung?", bohrte ich weiter.

„So wird gesagt."

„Nun, im Chaos bewegen sich Teile oder Teilchen, Wellen. Warum sollte dieser Prozess nicht nach Gesetzen ablaufen?"

„Wie ich schon sagte: Vorhersagen über den Verlauf sind schwer möglich."

Anmerkung:

Vielen Menschen geht es in erster Linie um Voraussagen, mit denen sie etwas Zweckmäßiges beweisen oder bewirken können – und weniger, um den Grund der Welt (den mechanischen Ablauf) zu zeigen.
Hierzu braucht man lediglich zu wissen, dass Substanzen generell nach Gesetzen ablaufen.

„Es ist das gleiche Strickmuster wie das, was wir eben besprochen haben." Ich schüttelte den Kopf. „Weil man etwas nicht voraussagen kann, wird der Schluss gezogen, dass deshalb keine Gesetze wirken, und wir benutzen das Wort ‚Zufall‘. Ist das nicht etwas zu einfach? ‚Ziel‘ heißt in diesem Fall lediglich, dass Abläufe nach Gesetzen erfolgen und nicht, dass sich die Teile zu einer bestimmten Ordnung nach der Vorstellung des Menschen formen.‘‘

GP überlegte. „Stimmt‘‘, nickte er dann, „es müsste erst noch bewiesen werden. Tatsächlich ist das chaotische Verhalten, das wir sehen, kein Beweis dafür, dass hier keine Gesetze herrschen.‘‘

Ich nickte ebenfalls. „Chaos heißt auch die Nichtvorhersehbarkeit aufgrund des Anfangszustandes eines Systems. Zum Beispiel, wenn man zwei scheinbar absolut gleiche Anfangszustände unter den gleichen Umständen nimmt und die Vorhersage für das Ergebnis fällt unterschiedlich aus, dann hat man nicht alle Komponenten exakt eingerechnet, die im Anfangszustand eine Rolle spielten, oder andere, die während des Prozesses einflossen.‘‘

„Das würde bedeuten, dass auch im Chaos alles determiniert ist, man aber nicht alle Komponenten kannte bzw. eingerechnet hat", überlegte *GP*.

„Die Meinung, dass nicht alles nach Substanzen und Gesetzen abläuft, wird aber in dieser Beziehung schnell gefällt. Aus Nichtwissen und weil wir nicht in das Innere des Chaos eintauchen können, um es genau anzusehen. Nicht selten auch, um etwas Mystisches zu beweisen.

Dieses Schema wird immer dann gern benutzt, wenn es für den Menschen schwierig ist, das Geschehen tiefer zu betrachten. Wie der Traum, der oftmals völlig unverständlich erscheint."

„Aber trotzdem nach Gesetzen abläuft?", versicherte sich *GP* noch mal.

„Sicher. Neuronen funktionieren nach Gesetzen.

Man stößt aber schnell an seine Grenzen, wenn man konkrete Aussagen machen will.

--- Physikalische Gesetze und Gott? ---

Wie anders als durch Gesetze sollten die Substanzen im Universum denn auch ablaufen?"

„Nun", erwiderte *GP*, „es gibt Menschen, die sagen, durch die Hand Gottes."

„Na ja, kannst du dir vorstellen, dass z. B. physikalische Gesetze durch eine Handbewegung Gottes geändert werden können oder nicht mehr gelten?"

„Nicht wirklich."

„Leute, die so etwas behaupten, sind aus meiner Sicht nicht ernst zu nehmen. Sie leben in ihrer Welt, in ihren Mittelpunkten und diese schließen die Fakten, die Realität mit ihren Komplexen einfach aus. So entgeht der Mensch der Wirklichkeit."

„Sie argumentieren aber auch: Kann mein Gefühl denn falsch sein, das mir mit einer absoluten Sicherheit sagt, dass es Gott gibt? Können meine Gefühle mir denn etwas Unrichtiges sagen?"

„Darauf gibt es eine klare Antwort: Selbstverständlich. Wenn man mal genau auf sein Verhalten schaut, beantwortet sich die Frage von selbst. Wie oft wurden Menschen schon von ihren Gefühlen getäuscht?

Nebenbei", fügte ich hinzu, „Gesetze in dem Sinne kannte man vor dem 17. Jahrhundert nicht. Es war für die damals lebenden Menschen alles von Gott bestimmt."

„Aber danach", wunderte sich *GP*, „wurde doch mehr und mehr deutlich, welche Rolle die Gesetze spielen."

„Gesetze haben oft den Beigeschmack von Zwang. Menschen mögen keinen Zwang. Sie ziehen es vor zu glauben, dass sie selbst entscheiden, ihre Freiheit haben. Der Wahrheit ist das nicht förderlich, aber ihrem Glauben.

Und dann sind da noch die kulturellen Überlieferungen, die von Generation zu Generation den Glauben an Gott weitergetragen haben. Das wurde auch gerne angenommen, u. a., weil man dadurch zeitweilig der rauen Wirklichkeit entfliehen konnte."

--- Sinn des Lebens nur durch Religion? ---

„Es wird gesagt, Religionen seien sinnstiftend", warf *GP* ein.

„Nun, wenn man sich die Geschichte der Religionen anschaut, dann kann man zu dem Schluss kommen, dass sie Unsinn stiftend sind, um es einmal moderat zu sagen."

„Aber wo sollte der Mensch denn den Sinn seines Lebens herbekommen? Und was ich schon immer mal fragen wollte: Was heißt Sinn genau?"

„Gang, Reise, Weg, eine Richtung nehmen. So bedeutet ‚Sinn' also das Ziel.

Zur Frage nach dem Sinn des Lebens: Man kann anderen Menschen helfen, man kann für Toleranz eintreten, man kann ein für seine wichtigsten Ziele selbstbestimmtes Leben führen usw. Diese Ziele sind ohnehin in den Menschen in seinen Urstrukturen angelegt und werden zum Beispiel über die sogenannten Spiegel-Neuronen, die ich Spiegel-Mittelpunkte nenne, aktiviert. Man sieht oder interpretiert den Anderen, dies regt Ähnlichkeiten an, die wieder Mittelpunkte in einem stimulieren. Dadurch kann man ähnlich empfinden, mitfühlen. Dafür braucht es keine Religion, um menschlich zu reagieren, etwa zu helfen.

Wenn man sich dann ansieht, welche Begründungen die Religionen für ihre Existenz anführen! Und was durch den religiösen Glauben Menschen anderen schon an Grausamkeiten angetan haben.

Es sind eben nur Menschen, die die Religionen kreiert haben und die andere dann nach ihren eigenen, manchmal sehr egoistischen Zielen durchgesetzt haben.

Übersetzt man Sinn mit Ziel, und schaut sich an, was Religionen angerichtet haben, dann kann nur vor dieser ‚Sinngebung‘ gewarnt werden."

„Aber wie steht es mit dem Halt, den der Glaube Menschen gibt und aus dem sie Kraft schöpfen können?", fügte *GP* an.

„Das ist eine andere Sache. Dies hat nichts mehr mit der der äußeren Wirklichkeit zu tun, sondern ausschließlich mit dem Inneren des Menschen. Möglich ist es schon, dass der Glaube, als Mittelpunkt, den Menschen helfen kann, z. B. seelische Konflikte besser durchzustehen."

„Aber ist es nicht auch zu nüchtern, wenn du sagst, alles läuft nach Gesetzen ab?", kam es *GP* noch in den Sinn.

„Da alle Substanzen untrennbar mit Gesetzen verbunden sind, sollte man dies einfach so hinnehmen. Schau dich in der Welt um, wie bunt sie ist: Menschen mit ihren Verhaltensweisen und Ideen, die Natur in all ihren Erscheinungen. Alles läuft natürlich nach Gesetzen ab. Ist das wirklich nur nüchtern zu nennen?"

--- Akzeptanz der Natur ---

„Mir fällt ein", wechselte *GP* das Thema, „ist die Tatsache, dass alles nach Gesetzen abläuft, für den Menschen, für die Gesellschaft überhaupt zu akzeptieren?"

„Das ist eine gute Frage. Du hättest auch fragen können: Können die Menschen die Wahrheit ab?"

„Also die Wahrheit, für die du stehst", bemerkte *GP*.

„Jeder hat die Möglichkeit, meine Wahrheit zu widerlegen bzw. seine eigene zu finden.

Ich glaube, wenn man meiner Wahrheit folgt, dass man dann oft zwischen
der Akzeptanz der Realität und seinen
eigenen Mittelpunkten stände. Denn
die Ziele im Menschen, in der Gesellschaft wollen sich natürlich verwirklichen. Dem steht diese Wahrheit im
Wege und sie wird wohl eher ignoriert,
weil die Ziele sonst scheinbar nicht zu
erreichen wären.

Ein Beispiel: Wenn jemand etwas ge-
stohlen hat, ist das aus der Sicht, dass
alles so geschehen musste, wie es geschah, zwar verständlich, es passt
aber nicht zu den Werten, den Zielen
der Menschen, die dafür Strafe und
Vergeltung verlangen."

„Wie könnte man diese fundamentalen
Gegensätze vereinigen?"

„Durch Toleranz und Einsicht, indem
wir einerseits sagen: ‚Es musste so
geschehen', und andererseits: ‚Unsere
Regeln sind uns wichtig'.
Man könnte so argumentieren: ‚Wenn
man dich jetzt ungeschoren davon-
kommen lässt, wären unsere Regeln
gefährdet. ' Und was noch wichtiger
ist: Dies würde nicht nur für diesen
Fall, sondern eventuell auf Dauer gel-

ten. Das könnte zu inneren Spannungen in der Gesellschaft führen.

Diese Spannung kann man nur auflösen, indem man urteilt: ,Du hast eine Regel gebrochen, die für uns alle gilt, also auch für dich, und deswegen muss du bestraft werden. '

Es ist schon wahr, dass alles so geschehen musste, wie es geschah, aber eine Gesellschaft würde auseinanderbrechen, wenn man alles akzeptiert und alles durchgehen lässt. Weil sie durch Regeln zusammengehalten wird."

--- Regeln von Gut und Böse ---

„Wo kommen diese Regeln hier?"

„Die Vorstellungen von Gut und Böse bilden sich unbewusst oder bewusst, ungeschrieben oder geschrieben, z. B. durch die Urstrukturen im Menschen, durch kulturelle Prägung als Ziele in jeder Gruppe bzw. Gesellschaft. Diese Bewertungen wirken dann mehr oder weniger in Form von sozialen Normen und Moralvorstellungen in jedem Gesellschaftsmitglied."

„Du meinst“, fasste *GP* zusammen, „wer etwas gemacht hat, was andere schädigte, und glaubt, er müsse dafür keine Verantwortung übernehmen, weil: ‚Was geschah, geschehen musste, wie es geschah‘, der sollte sich vor Augen halten, dass er gegen Regeln oder Gesetze einer Gruppe oder Gesellschaft verstoßen hat, die ohne diese auf Dauer nicht lebensfähig wäre.

Denn die Meinung, die andere vertreten, ihr Urteil, musste natürlich auch so geschehen, wie es geschah. Von daher kann der Täter den Richtern für das Urteil keinen Vorwurf machen.

Mit dem Satz: ‚Alles läuft nach Gesetzen ab‘, soll lediglich gezeigt werden, dass alles so geschehen musste, wie es geschah.“

„Das hast du gut wiedergegeben“, stimmte ich zu.

„Es sollten also immer möglichst Elemente des Verständnisses bei der Bemessung der Strafe berücksichtigt werden und in das Urteil einflicßen“, ergänzte *GP* noch.

„Ja, aber die meisten Menschen werden sich darüber kaum Gedanken ma-

chen, weil sie einfach weiterhin in ihren Mittelpunkten bleiben wollen und
solche Einsichten dafür Hindernisse
sind. Also werden sie wenig Verständnis für massives Fehlverhalten aufbrin-
gen (Fehlverhalten im Sinne der Ziele
der Gesellschaft)."

„Aber ein großer Vorteil der Einstellung, dass alles vorbestimmt ist", kon-
statierte *GP*, „besteht darin, dass man
sich schneller mit dem Geschehen in
der Vergangenheit abfinden kann."

„Das ist wohl wahr", stimmte ich ihm
zu. „Es ist sogar ein gewaltiger Ge-
winn, weil man dadurch mehr in der
Gegenwart lebt und weniger von der
Vergangenheit gestaltet wird.

Zum Beispiel ist die Wut darüber, die
bei manchen Menschen ausbricht,
wenn sie nicht ihr Ziel erreicht haben,
im Hinblick darauf, was wir eben besprochen haben, nicht besonders sinnvoll.

Dies gilt besonders auch bei Fehlern,
die wir machen. Verfluchen wir uns
deshalb, so kann dies für das eigene
Selbst besonders destabilisierend
sein."

„Aber menschlich verständlich", warf er ein.

„Da hast du Recht.

Ein weiterer Vorteil der Einstellung, dass alles so geschehen musste, wie es geschah, ist die Toleranz, die aus dem Satz entspringt und sich positiv auf einen selbst und das Zusammenleben mit anderen Menschen auswirken kann.

Noch ein Wort zu den Strafen, die Menschen gegen andere aussprechen: Eine Tat wird in aller Regel nach dem beurteilt, inwieweit man selbst in seinen Gefühlen verletzt wurde. Diese Gefühle, so wird verlangt, sollen von den Richtern ebenfalls durch Strafe ausgeglichen werden."

Gespräch über:

Zufall und seine gesetzmäßigen Gründe

> **Der Zufall kommt nicht aus dem Nichts – und hat immer seinen gesetzmäßigen Grund.**

Mit den Themen:
- Unwissen
- Objektiver Zufall
- Information
- Computer
- Determinismus
- Mystik
- Meditation

„Mir ist aufgefallen", meinte *GP*, „dass oft das Wort ‚Zufall' benutzt wird."

„Zufall ist ein Synonym für ‚Nichtwissen'", erklärte ich. „Wenn jemand davon spricht, dann meint er etwas, was unerwartet auftrat, nicht berechnet oder vorhergesagt werden konnte.

Wenn man genau hinsieht, merkt man, dass das Wort ‚Zufall' tatsächlich oft im Sinne 'ohne Ursache oder Grund' oder noch drastischer; 'etwas aus dem Nichts Zugefallenem' gebraucht wird.

Mit diesen Beispielen soll häufig für den eben genannten Zufall aus dem Nichts argumentiert werden.

Und weitere ‚Argumente':

- Man spricht von Zufall, wenn für ein einzelnes Ereignis oder das Zusammentreffen mehrerer Ereignisse keine kausale Erklärung gefunden werden kann.

- Radioaktiver Zerfall ist kein deterministischer Prozess. Die Zerfallszeit des einzelnen Atomkerns ist absolut zufällig.

- Der Zufall lenkt den Mikrokosmos. In der Atomwelt sind einzelne Ereignisse grundsätzlich nicht mehr genau vorhersehbar (nicht mehr deterministisch).

Kommentar von mir: Viele Aussagen können in gleicher oder ähnlicher Form entdeckt werden, nach

**dem Motto: ('es kann keine kausa-
le Erklärung gefunden werden').**

Kaum jemand berücksichtigt, dass **in
jeder Substanz exakte Gesetze
herrschen**, die zu den jeweiligen 'zu-
fälligen' Ereignissen führen, und natürlich kausal sind."

"Warum nicht?"

"Weil es für den Menschen unmöglich
ist, alle Gesetze in jeder Substanz zu
kennen.

Wenn etwas da ist, dann ist es immer
gleichzeitig Substanz **und** Gesetz:

> **1. Identische Substanzen
>   unter identischen Um-
>   ständen ergeben immer
>   identische Ergebnisse.
> 2. Der Grund dafür ist,
>   dass alles nicht zu ver-
>   ändernden Gesetzen
>   unterliegt.
> 3. Ändert man Substanzen
>   oder Umstände, dann**

**treten auch andere Ge-
setze auf.**

Um trotzdem Aussagen über Ereignisse zu machen, greift man lieber auf ‚kausale Gründe‘ zurück, (meint damit aber nicht Gesetze, sondern Komponenten) und sagt, wenn man keine findet, diese Ereignisse seien zufällig.
(‚Kausaler Grund‘ gilt als jeweiliger Beweis für eine ununterbrochene Kette von Komponenten, die etwas ergeben haben, bzw. mit diesen ein Ergebnis vorhersagen zu können.)

Entstanden ist diese Art der Betrachtung im makroskopischen Bereich, die erfolgreich war. – Und wurde nach den Entdeckungen im mikroskopischen Raum – besonders bezüglich der Quantenphysik – unglücklicherweise auf diesen übertragen.

Hier waren aber, aufgrund von komplizierten oder unmöglichen Messungen, Kausalketten letztlich schwerer oder gar nicht zu beweisen.

Und daher wurde hier dann oft das Wort ‚Zufall‘ benutzt.

(Wenn man in der Quantenphysik messen will, ist es wichtig, keinen Einfluss der Messtechnik auf das zu messende Teilchen auszulösen.

Durch immer verfeinerte Methoden ist eine wechselwirkungsfreien Messung heute möglich).

Nun wirken aber, wie oben dargelegt, in allen Substanzen, sei es im Makro- oder Mikroskopischen Bereich, Gesetze.

Die Frage ist also: Muss man, um den Determinismus zu belegen, unbedingt Kausalketten von Elementen darstellen?
Oder ist es nicht viel genauer, die Gesetze, die die Substanzen bewegen, aufzuzeigen, bzw. davon auszugehen, dass alles davon gestaltet wird.

Denn alles hat das Ziel, eine Struktur nach den Gesetzen zu bilden.

Es gibt hier zwei Standpunkte:

▶Etwas entsteht aus Nichts.

▶Alles hat seinen Grund.

Ich bin von dem letzteren überzeugt."

GP nickte. „Das Wort wird also im Grunde benutzt bei Unwissen über die gesetzlichen Abläufe".

„So ist es." Man kann dem Zufall generell hinzufügen: ..., weil ich die gesetzmäßigen Abläufe nicht kenne, die dazu geführt haben."

Denn alle Substanzen im Universum (zu denen natürlich auch die Quanten gehören) laufen nach Gesetzen ab.

Daher ist auch alles determiniert.

Wollte man aber für Voraussagen die Determiniertheit über Kausalitätsketten beweisen, würde man schnell scheitern – weil die Menge der Substanzen und Gesetze alle menschlichen Dimensionen sprengen.

> **So laufen also alle Substanzen nach Gesetzen ab: Eine identische Substanz unter einer identischer Umgebung ergibt immer ein identisches Ergebnis.**

Dass man in Schwierigkeiten kommen könnte, in der Quanten-Welt Teilchen mit einer Umgebung identisch herzustellen, widerlegt nicht diese These.

Modifiziert man sie in der Form: Gleiche Substanzen unter gleichen Bedingungen ergeben immer ein gleiches Ergebnis, dann könnte man diese Schwierigkeiten umgehen.

"Könne es auf diese Leitlinie gebracht werden?" fragte *GP*.

‚Zufall ist ein Synonym für Nichtwissen bezüglich gesetzmäßiger Abläufe, die man nicht genau kennt'.

„Dem kann ich sofort zustimmen", nickte ich.

--- objektiver Zufall ---

„Nun gibt es aber Quantenphysiker, die von dem ‚objektiven Zufall' sprechen", fiel *GP* ein. „Sie meinen damit: Wenn man in der Welt der Elementarteilchen ein Experiment macht, in dem

zwei identische Teilchen, zeitlich ver-
schieden, unter identischen Umständen keine identische Ergebnisse erzielen, dass es keine verborgenen Variab-
len gibt, von denen man sagen könnte,
dass sie dieses ungleiche Ergebnis
ausgelöst haben."

„Wie wir schon feststellten: Zufall
steht synonym für Nichtwissen. **Sie
können gar nicht wissen, wie viele
lokale, bzw. nichtlokale Einflüsse
auf die jeweiligen hier temporär
vorhandenen Teilchen gewirkt haben, die alle ihre Gesetze in sich
haben.** (Gesetz heißt auch, dass Tei-
chen durch identische Wechselwirkung
immer identische Ergebnisse zeigen.)

**Denn, und dies ist der Beweis da-
für, dass auch in Quantensystemen
alles nach Gesetzen abläuft: mit
der statistischen Wahrscheinlichkeitsrechnung sind sehr genaue
Vorhersagen in Quantensystemen
zu machen. Dies würde unmöglich
sein, wenn hier Gesetzlosigkeit
herrschen würde."**

Menschen, wollen sie etwas genau wissen, sind auch in Quantensystemen
auf Messungen angewiesen.

Wenn dies nicht möglich ist – etwa durch die Heisenbergsche Unschärferelation – dann bleibt nur der Weg der mathematischen Beschreibung.
Damit kann man dann aber sehr genaue Aussagen für Quantensysteme machen.

Dies ist natürlich nur deshalb möglich, weil hier, wie überall, alles nach Gesetzen abläuft.

Zum objektiven Zufall:
„Objektiv" heißt, dass etwas, ohne Einfluss des Menschen (etwa Messung oder Perspektive) so ist, wie es im Moment ist. Kommt hier ein Zufall (also etwas, das dem gesetzmäßigen Objekt, etwa durch die innere Konstellation, zugefallen ist) ins Spiel, dann ist dies sozusagen ein objektiver Zufall.
Ein objektives Ereignis hat immer einen gesetzmäßigen Grund.

Wenn Menschen sagen, dass etwas unmöglich von ihnen zu messen ist, dann beweist dies nicht, dass hier keine Gesetze herrschen.
Dies gilt auch für den Einwand, das statistische Wahrscheinlichkeit nicht alles 100 prozentisch einschließt und daher der Beweis ist, dass nicht alles nach Gesetzen abläuft."

> „Ein wirklich schwaches Argument",
> nickte CP.

Noch eine kurze Bemerkung zur Heisenbergsche Unschärferelation (Wikipedia):

Bei einer Messung von x-Koordinate und x-Impuls muss ihre Reihenfolge festgelegt werden, und in genau diesen Fällen verändert die zweite Messung den durch die erste Messung erzeugten Zustand ein weiteres Mal. Daher würde auch eine anschließende Wiederholung der ersten Messung nun ein anderes Ergebnis haben. Es ist also möglich, dass zwei Observable, wenn sie in unterschiedlicher Reihenfolge auf einen Zustand wirken, unterschiedliche Endzustände liefern können.

--- Informationen ---

Und: Es gibt Quantenphysiker, die behaupten, Quanten brauchen Informationen, um zu ‚wissen‘, was sie tun sollen.

Aber Anorganisches benötigt keine Informationen. Die Substanzen laufen ganz natürlich nach den Gesetzen ab.

Informationen braucht anorganische Materie nur, wenn der Mensch damit ein Ziel erreichen will – nicht per se, weil sie sowieso nach Substanzen und Gesetzen abläuft und es ihr egal ist, was passiert.

(Nebenbei: Informiert man etwas, (und diese Infos wirken) dann ändert man damit einen gesetzmäßigen Ablauf.)

Dagegen ist es bei Lebewesen anders: Da sie die Zukunft nicht kennen, sich aber für die richtigen Wege zu ihren Zielen entscheiden müssen, benötigen sie Informationen, etwa um ihr Leben zu erhalten.

Dies ist, wie gesagt, bei der anorganischen Materie in der Makrowelt ebenso wenig der Fall wie in der Mikrowelt z. B. den Quanten, Molekülen, Atomen. Hier ist es egal, was dann geschieht."

Wer also behauptet, Anorganisches braucht Informationen, irrt.

Denn, wie eben gesagt, anorganische Substanzen brauchen keine Informationen; sie bestehen aus Gesetzen.

Will man also eine Substanz erkennen, müsste man seine Gesetze wahrnehmen, denen es folgt.

"Ich widerhole noch mal", sage *GP*. "Man kann also sagen, dass einzelne Elementarteilchen keine Informationen tragen. Daher können uns diese auch keine geben. Sie laufen nach den Gesetzen ihrer Ganzheit (mit der Umgebung) ab.
Daher kann man sagen, das identische Elementarteilchen unter identischen Umgebungen immer identische Ergebnisse erzielen.

Ergibt sich dies nicht, dann waren entweder die Elementarteilchen oder die Umgebung nicht identisch."

"Exakt", nickte ich.

--- Computer ---

"Was mir gerade einfällt", überlegt *GP*, "Computer brauchen doch auch Informationen!"

„Das stimmt, Computer sind Rechner, die Informationen mittels Eingaben von Menschen benötigen, um zu wis-

187

sen, welche Daten sie mit welcher Methode verarbeiten sollen."

„Was ist der Unterschied zwischen Gehirn und Computer?"

„Ein Beispiel dafür ist Captcha, ein Test im Internet, der zeigt, ob eine Anwendung von einem Menschen oder einem Computer genutzt wird. Es sind grafisch dargestellte, verfremdete Buchstaben und Zahlen, die man während des Anmeldevorgangs erkennen und in ein Abfragefenster eingeben muss.

Dem Menschen mit seiner Anlage zur **Kreativität**, also aus **Ähnlichkeiten** Schlüsse zu ziehen, gelingt dies in wenigen Augenblicken. Ein Computer scheitert an dieser Aufgabe, weil er starr rechnet und unendlich vieldeutige Teile von Bildern nicht genau übersetzen kann.

Der **Computer** hat eine binäre Struktur, er funktioniert auf der Basis von Nullen und Einsen. Er hat eine starre (Rechen)-Vorgabe.

Das **Gehirn** hat eine kreative Struktur, die offen ist für jede Ähnlichkeit. Kreativität bedeutet, Ähnlichkeiten zu verbinden, die in den unterschiedlichsten Bereichen vorkommen. Alles hat in irgendeiner Eigenschaft Ähnlichkeit mit etwas anderem: etwa Farbe, Umfang, zeitliche Nähe, geometrische Figur, Gesichter usw. Diese Aufzählung ließe sich lange fortsetzen. Und so sind der Kreativität keine Grenzen gesetzt.

Deshalb ist es auch besonders kreativ im **Schlaf**, weil hier die **Mittelpunkte** des Tagesgeschehens nicht eingreifen.

Nebenbei: Diese Ähnlichkeiten sind auch der Grund für Verwechslungen. Ebenso wie eine Quelle für geniale Erkenntnisse."

„Kreativität ist also nichts Übersinnliches", warf GP ein, „sondern spielt sich im Menschen aufgrund von Zielen ab."

„Richtig", ich nickte. „Darüber hinaus ist das Gehirn ständig kreativ, es macht das, was wir wahrnehmen, flüssig, das heißt, aus allem eine ‚gute' Gestalt, mit der man unkompliziert umgehen kann. Das Ziel ist hier also nicht, die Situation bis ins Kleinste zu analysieren, sondern so darzustellen, dass man sich schnell ein Bild machen kann, um damit – und das ist der eigentliche Grund – besser überleben zu können.

Dazu gehört auch die ‚Kreativität des Augenblicks‘. Diese wird besonders in Gesprächen aktiv oder wenn man sich mit etwas intensiver beschäftigt. Es bedeutet, dass spontan plötzlich etwas Neues in einem auftaucht, das gut zu dem Thema passt.“

„Das Gehirn vereinfacht in der Regel also“, schloss GP.

„Stimmt. Weil sich kein Lebewesen in der Welt zurechtfinden und überleben könnte, dass immer und zu jeder Zeit jede Situation in ihre Einzelteile zerlegen würde. Das ist auch der Grund, dass die Menschen die Welt jeweils ganzheitlich erleben.

--- Determinismus ---

„Was ist mit dem Determinismus?“ war GP jetzt gespannt.

„Es gibt zwei sich gegenüberstehende Weltansichten: **Determinismus und Indeterminismus** (wie hier oben schon mal angedeutet).

Der Determinismus sagt, dass alles im Universum seine Gründe hat, nach Gesetzmäßigkeiten abläuft.
Die andere Gruppe glaubt, dass vieles ohne Grund geschieht. Hier einige Beispiele:

- Ereignisse geschehen ohne Ursache,
- Sie sollen aus dem Nichts kommen,
- dass es den freien Willen gibt, eine metaphysische Macht dahintersteckt.

Ich gehöre, wie gesagt, der ersten Gruppe an. Weil ich der Meinung bin, dass nichts aus dem Nichts geschehen kann."

„Du meinst, wesentlich ist letztlich, dass alles im Universum nach Gesetzen abläuft und jedes Ereignis folglich vorbestimmt ist."

„Für mich ist das eindeutig."

„Man sagt auch, dass man z. B. den Zerfall eines radioaktives Atoms nicht voraussagen kann: also wann genau es geschehen wird", fuhr GP fort.

„Wir haben schon einmal darüber gesprochen, das wird von den inhärenten

Gesetzen und der lokalen bzw. nichtlo-
kalen Umgebung genau bestimmt.

Eine Substanz, hier ein Atom, ist innerlich etwas, das ständig in Bewegung ist. Entsprechend ändern sich
auch immer die Gesetze. Weil sich die
Struktur verändert, und jede Struktur-
veränderung andere Gesetzen hervor-
ruft. Schon daraus folgt, dass der Zerfall eines radioaktives Atoms nicht
exakt vorhergesagt werden kann (weil
wir nicht alle inneren Vorgänge bis ins
Kleinste kennen).

Und eine Substanz in der Quantenwelt
(die ja nach Gesetzen abläuft) ist wohl
kaum jemals isoliert. Immer hat es
eine lokale und nichtlokale Umgebung,
die gesetzmäßig – wenn auch modifiziert – den Verlauf mitbestimmen.

Oft reicht es nicht, nur das Teilchen
selbst zu betrachten, man muss die
Umgebung einrechnen, was die Erkenntnis enorm erschwert.‘‘

„Du willst sagen: Grenzt man etwas
ein, dann grenzt man etwas aus.‘‘

„Ja, Grenzen sind immer willkürlich
gezogen. Es liegt in der Natur des
Menschen. Er muss mit Substanzen

umgehen, mit denen er rechnen kann, um zu einem Resultat zu kommen, etwa handeln zu können."

„Was sind die Ursachen, woher genau kommen diese Abgrenzungen, die Menschen vornehmen?"

„Von der Mittelpunkt-Mechanik. Der Mittelpunkt wählt aus, was zu dem Ziel passt."

„Durch den Mittelpunkt werden also Grenzen gezogen."

„Würde man in unserer Welt alle irrelevanten Fakten einbeziehen, dann wäre man handlungsunfähig."

„Das kann man wohl sowieso nicht, weil die Menge unermesslich groß wäre", schloss GP.

„Ja, und deshalb ist das Ziehen von Grenzen sinnvoll im makroskopischen Bereich des Handelns."

--- Mystik ---

„Da wir auch Mystik erwähnten", fiel GP ein, „wie könnte man sich Phänomene wie das ‚Chi' erklären?"

„Durch Wunsch und den Glauben daran.

Z.B. eine Weltanschauungsform zu erlernen.

Hier ist die Wirkung des Mittelpunkt-Prinzips gut zu sehen: Man setzt sich ein Ziel. Durch Konzentration und Übung bildet sich ein Neuronennetz, das diesem Ziel, sei es innere Ruhe, Kontemplation mit einem ‚höheren‘ Wesen, Kampfkunst usw., immer näherkommt – bis zur Perfektion. Der Mensch wird durch das Ziel bis ins Kleinste subtil strukturiert.

Natürlich verlieren andere Ziele während der Übung immer mehr an Wert und können daher den Ablauf weniger beeinträchtigen.

Chi ist also nichts Übersinnliches, sondern kann über einen Mittelpunkt geübt und erlernt werden, was meist einen längeren Zeitraum beansprucht.

Diese Einstellung wird Auswirkungen auf den Alltag haben, weil man dann auch hier ungewollte Gedanken und Gefühle zwar wahrnimmt, aber weniger auf sie eingeht. Und auch hier kann man so die Ziele, die in einem aktiv sind, mit mehr Energie erreichen.

Dies gilt auch besonders beim Atem-Yoga. Dies wirkt ganzheitlich über Neuronennetze auf die allgemeine Psyche des Menschen.

Ebenso, wenn Menschen an höhere Wesen glauben wollen, etwa an einen Gott. Der Mittelpunkt der Kontemplation schließt besonders auch die Urstrukturen ein (in denen das 'Wesen Gott' entstanden ist). Auch lässt es die Erfahrungen zu, die das Gehirn dem Kind in der magischen Phase[4] vorgegaukelt hat.

Es gibt sehr viele Menschen, die haben noch niemals von der magischen Phase gehört. D.h., die Erfahrungen, Bilder und Gefühle, die sie dabei in der Kindheit durchlebt haben, wirken meist völlig unbewusst in ihnen weiter.“

„Mir jedenfalls ist das bekannt“, GP nickte.

---

[4] magischen Phase

https://de.wikipedia.org/wiki/Magisches_Denken

„Und wie ist es mit den Achtsamkeitsübungen?", erkundigte er sich jetzt weiter.

„In ‚Achtsamkeit', ‚In seiner Mitte sein', ‚Tue, was du tust' geht es unter anderem darum, bei dem zu bleiben, was man gerade tut, und etwa den Groll gegenüber der Vergangenheit oder die Furcht bezüglich der Zukunft, die sich in Gedanken und präsentieren wollen, besonders durch das Aufgehen im Mittelpunkt der Gegenwart zu schwächen bzw. zu löschen.

Dies geschieht durch den Mittelpunkt, ähnlich wie beim Chi, der die Aufmerksamkeit von allem anderen, das nicht dazugehört, abzieht. Nichts davon ist etwas Mystisches oder Übersinnliches, auch wenn die Akteure dies gerne so sehen wollen.

Natürlich kommen einem immer wieder Gedanken und Gefühle. In den Achtsamkeitsübungen sollte man diese, wenn sie sehr stark sind, wahrnehmen, aber nicht auf sie eingehen, sondern bei dem bleiben, wo man gerade ist.

Würde man darauf eingehen, dann bilden diese Gedanken bzw. Gefühle, also Mittelpunkte, die einen gestalten, Energie verbrauchen und so die Achtsamkeit schwächen."

„Man sollte also, wenn es nicht anders geht, Gedanken und Gefühle wahrnehmen", fasste GP zusammen, „sie nicht ‚verdrängen‘, sondern einfach so lassen, wie sie aufgestiegen sind, und seine Achtsamkeit auf das, wobei man ist, fortsetzen."

„Das ist der zentrale Sinn dieser Übung, so kann man völlig in dem jeweiligen Mittelpunkt aufgehen, der dann ‚mechanisch‘ die nichtgewollten Gedanken und Gefühle unbeachtet lässt."

„Wie meditierst du?", war GP neugierig.

„Lass mich kurz den Ablauf einer Meditation vorstellen: Es beginnt mit dem Ziel, alle Gedanken, Gefühle und Wahrnehmungen auszuschalten. So ist es sehr wichtig, das unablässige Geplapper der Gedanken zu stoppen. Die Konzentration darauf erzeugt rege Neuronentätigkeit im Aufmerksamkeit-

197

szentrum des Gehirns. Diese signalisiert, den Zufluss neuronaler Informationen zu bremsen. Dadurch wird ein Areal, das zuständig für unsere Orientierung im Raum ist, mehr und mehr von neuronalen Impulsen abgeschnitten. Fehlen dem Areal die notwendigen Reize, bleibt ihm nur, den subjektiven Eindruck völliger Raumlosigkeit zu erzeugen, der als unendlicher Raum und Ewigkeit interpretiert wird. Ein weiteres Areal ist für die Vorstellung von den Begrenzungen unseres Körpers zuständig. Der Totalausfall von Signalen auf dieser Seite bedeutet, dass die Wahrnehmung von sich selbst grenzenlos wird. Mit zunehmender Tiefe der Meditation verschwimmt die Grenze zwischen Innen- und Außenwelt, und es kommt ein Gefühl auf, dass man sich ausdehnt und mit der Umgebung verschmilzt. Durch die Konzentration schwindet die Informationsflut, aus denen der Mensch seine Orientierung bezieht. Dadurch schwindet auch die Grenze zwischen einem selbst und der Welt, das Gefühl des Einsseins mit der Welt und der Grenzenlosigkeit stellt sich ein. In der tiefsten Meditation hat man das Gefühl, eins zu werden mit dem Universum, sich in etwas sehr viel Größerem aufzulösen."

„Das hört sich interessant an“, überlegte GP, „dieser Ablauf erfolgt im Gehirn automatisch, wenn man im Mittelpunkt der Meditation ist?“

„Ja, wenn dieses Ziel wirkt, und man immer wieder übt.

Meine Meditation-Übung besteht darin, dass ich mich beim Einatmen immer weiter dem Ende des Universums nähern will und beim Ausatmen unmittelbar unter dieser, von mir gerade erreichten, Grenze bleibe.

Da das Universum unendlich ist, kann ich das Ende des Universums natürlich nie erreichen. Und so kann ich diese Übung unendlich lange fortsetzen.

Bei dieser Gelegenheit noch ein Wort zur ‚Verdrängung‘: Stell dir vor, du richtest deine Aufmerksamkeit auf etwas, was du nicht wahrhaben willst, und gehst darauf ein. Dadurch wird dieses Etwas stärker, weil Druck Gegendruck erzeugt. So gerätst du in dessen Mittelpunkt. Mit der Verdrängung erreichst du also genau das Gegenteil von dem, was du willst, nämlich etwas beiseitezuschieben. Daher sollte man es nur wahrnehmen, aber dann nicht darauf eingehen.“

„Es wird aber auch gesagt: ,Man verdrängt etwas‘, wenn etwas unbewusst weiter agiert.“

„Das hat sich so eingebürgert, weil man glaubte, die Verdrängung mache man selbst mit seinen Willen und nichts von der Mittelpunkt-Mechanik wusste: In der Regel wird es von anderen Mittelpunkten im Wert herabgesetzt, sodass es nicht mehr wahrgenommen wird, agiert aber im Unbewussten weiter, ohne dass das Bewusstsein Informationen einholen kann.

Wenn man sagt: ,Ein Mittelpunkt oder Mittelpunkte lassen einen etwas nicht sehen‘, dann trifft man den Sachverhalt sehr viel genauer, als wenn gesagt wird: ,Man hat etwas verdrängt‘“.

„Es geht also immer darum, das Bewusstsein bzw. die Aufmerksamkeit auf ein Ziel zu lenken“, fuhr GP fort.

„Die Betonung liegt auf **ein** Ziel“, unterstrich ich. „Würde daneben noch das Ziel, etwa die Vergangenheit zu vergessen, aktiv mitspielen, dann würde die Wirkung des ersten Ziels automatisch geschwächt.

Man ist zum Beispiel im ‚Hier und Jetzt‘, wenn die Wahrnehmung auf die Gegenwart gerichtet ist und diese Informationen dem Gehirn gesandt werden. Dies kümmert sich dadurch weniger um die Vergangenheit und die Zukunft, sondern in erster Linie um die Gegenwart.“

„Es geht also tatsächlich immer um den Mittelpunkt der Aufmerksamkeit auf etwas, das auch das ‚Nichts‘ sein kann“, wiederholte GP.

„Richtig, es geht um Loslassen. Nur im Mittelpunkt des Augenblicks sein. Wird man abgelenkt, sind besonders auch die Sätze ‚Was geschah, musste geschehen, wie es geschah‘ und ‚Was geschehen wird, wird geschehen, wie es geschehen muss‘ wirkungsvoll.

Die
Mittelpunkt-Mechanik
(Gespräch über)

GP und ich machten einen Spaziergang um die Alster in Hamburg.

„Warum nehmen Ziele in deinen Schriften eine so zentrale Rolle ein?", wollte *GP* wissen.

„Nun, weil sie alles strukturieren, in eine Gestalt bringen: **Alles hat das Ziel, eine Struktur nach den Gesetzen zu bilden.**

Nehmen wir den Menschen – ich nenne Ziele hier ‚Mittelpunkte': **Der Mittelpunkt ist die Gestalt, die ein Ziel aus einem macht**.

Als generelles Strickmuster das Beispiel, wie man Radfahren lernt:

Am Anfang steht das Ziel. Dies erzeugt ein Neuronennetz im Gehirn, um es zu erreichen.

Gleichgewicht, Muskeln, Sehnen, Körperhaltung, psychische Abläufe usw., werden als Unterziele in der benötigten Form ausgebildet, aufeinander abgestimmt und zwischengespeichert.

So werden nach und nach die Fähigkeiten verbessert; man lernt aus seinen Fehlern.

Dies alles wird von den Neuronennetzen gemacht, die sich durch das Ziel Radfahren bildeten und dann weiter ausformen, um das Koordinieren von Körper und Psyche zu

erweitern und die Feineinstellungen anzupassen.

Aus dem Netzwerk am Anfang
(dem Mittelpunkt Radfahren)
sind jetzt weitreichende
Verflechtungen geworden.
Die, wenn die jeweiligen Unterziele erreicht wurden,
dauerhaft gespeichert und zu
einem automatischen Verhalten werden, das aktiviert
wird, wenn man wieder aufs
Rad steigt.

Während alles im Universum von Zielen gestaltet wird, denen die Folgen
ihrer angestrebten Struktur ‚egal‘ sind,
kommen bei Lebewesen die Ziele der
Erhaltung hinzu. Diese bilden sich im
Gehirn durch Netze aus Neuronen, die

via Synapsen verbunden sind und die ich, wie gesagt, ‚Mittelpunkte‘ nenne.

Je nach Art und Individuum werden die Lebewesen von ihnen gestaltet.

Ein Mittelpunkt besteht also aus weit über das Gehirn verteilten Neuronen, die viele Areale einbinden und ein Netz bilden, das dazu dient, Einstellungen, Handlungen, Vorstellungen, Gefühle usw. zu erzeugen. Es ist ein Ziel, das alles zulässt, was passt, um es zu erreichen, und allem anderen nur wenig oder gar keine Aufmerksamkeit widmet.

Es ist sehr selten, dass nur ein Mittelpunkt agiert; meist werden diverse einbezogen, die geeignet sind, das Ziel zu erreichen.“

„Dann ist der Mittelpunkt ein Schlüssel zum Verständnis des Menschen?“

„Ja – aller Lebewesen. Um ein Ziel zu erreichen, muss man einen Weg gehen. Wenn ‚Weg‘ etwas genauer ausgedrückt werden soll, kann man sagen: Es braucht eine Struktur auf zwei Arten: Und zwar muss der Weg in der Umwelt geformt werden und natürlich auch der Mensch, der dieses Ziel erreichen will. Alles, was zu dieser Struktur beitragen könnte und im Moment fassbar ist, wird von dem Ziel berücksichtigt – alles andere bleibt ungenutzt.

Ein Beispiel: Wer sich stark konzentriert, um ein Ziel zu erreichen, wird im Nachhinein merken, dass er nichts anderes mehr wahrgenommen hat. Nur das, was zu seinem Ziel passte.

Man kommt sich selbst jeweils näher, wenn man erkennt, in welchem Mittelpunkt man war."

„Ich habe es so verstanden", fasste *GP* zusammen: „Ein Mittelpunkt will sich verwirklichen. Dazu braucht es eine bestimmte Struktur. Diese wird aus dem geschaffen, was dafür relevant ist, alles andere bleibt unberücksichtigt. Sollte etwas stören, wird es im Wert herabgesetzt, kann den Menschen also viel weniger gestalten."

Ich nickte. „Dieses Herabsetzen der anderen Werte geschieht nicht willentlich, sondern mechanisch. Es ist ein gesetzmäßiger Ablauf. Deshalb habe ich es auch ‚Mittelpunkt-Mechanik' genannt."

„Es wird nicht willentlich unterdrückt, sondern es geschieht automatisch durch den Mittelpunkt?"

„Ein Beispiel: Am 24. März 2015 flog ein Pilot mit einem Passagierflugzeug in den Suizid. Er steuerte das Flugzeug gegen ein Felsmassiv. Alle 150 Insassen riss er mit in den Tod.
Was ging im Kopf dieses Menschen vor?"

„Er hat alles andere verdrängt", folgerte *GP*.

„So könnte man sagen. Dann wäre es eine Sache des Willens, der sich weigert, etwas zur Kenntnis zu nehmen.

Einfacher und völlig automatisch erreicht dies ein Mittelpunkt, den man anstrebt.

Die Antwort, was im Kopf des Kopiloten vor sich ging, gibt die Mittelpunkt-Mechanik: Das Ziel, sich das Leben zu nehmen, setzte alle anderen Mittelpunkte im Wert herab bzw. auf null – den bevorstehenden Aufprall auf die Berge, die 150 Menschen, die an Bord waren und mit ihm sterben mussten, ihre Angehörigen, die den Verlust zu erleiden hatten usw.

Auf der einen Seite ist es erschreckend, was Mittelpunkte anrichten können, etwa die ungeheuren Gräuel des Naziregimes oder menschenverachtende Taten, die quasi alle Völker verübt haben."

„Oder was einzelne Menschen anderen angetan haben", ergänzte *GP*.

„Ja. Auf der anderen Seite ist es schön, was Mittelpunkte bewirken können. Zum Beispiel die Liebe, für Menschen oder andere Lebewesen einzutreten.

Nebenbei: Das erklärt auch das Wesen der Mediation: Hier wird ein Mittelpunkt gebildet, der mit der Zeit, der Intensität und Menge der Übungen immer stärker wird und alle anderen Mittelpunkte im Wert beeinflusst bzw. herabsetzt.

In aller Regel herrscht natürlich nicht nur ein Mittelpunkt in der Psyche, sondern viele, die sich gegenseitig ergänzen, hemmen oder nur zum Teil mitspielen. Sie können gemeinsam agie-

ren, bilden Meganetze (Cluster), etwa
um sich wiederholende Abläufe zu ge-
währleisten, integrieren sich in neue,
finden sich für bestimmte Aktionen
zusammen.

Da die Anpassung ein zentrales Thema
für das Leben ist, bilden sich immer
neue Mittelpunkte.

Hier ein Beispiel, wie Mittelpunkte wirken: Gerne wird darüber gestritten, ob
der Mensch altruistisch sein kann. Das
kann er sicher, denn: Wenn er in dem
Mittelpunkt ist, anderen zu helfen,
dann können auch die Mittelpunkte des
Egoismus ausgeschaltet werden, die
eigentlich starke Ziele in den Menschen sind.

Allerdings: Im strengen Sinn gibt es
keine Selbstlosigkeit, weil das Ziel zu
helfen die eigenen Gefühle befriedigt."

„Was kann man machen, um einem
Mittelpunkt auszuweichen, kein Sklave
zu sein?"

„Wie gesagt: Ihn mit seinen eigenen
Waffen schlagen: einen anderen Mittelpunkt wählen oder neu kreieren und
darauf den Focus legen."

„Wie kann man ein Ziel am besten erreichen?"

„Indem man den Mittelpunkt verstärkt:
Nur auf das achtet, was für das Ziel
wichtig ist.
Wenn das nicht ausreicht, dann kann
ein neues Ziel gebildet werden, das
weitere Neuronengruppen einschließt,
die automatisch danach ausgesucht
werden, wie gut sie zur Lösung beitragen könnten.

Auch hier sieht man wieder das Aus-
wahlprinzip des Mittelpunktes.

Darüber hinaus sucht das Gehirn bei
jedem Ziel nach Ähnlichkeiten aus anderen Bereichen: Ob Erfahrungen vor-
liegen, oder mittels der Logik, etwa
dem Ausschlussverfahren, ob sich Lösungen für das Problem eignen, und
verwirft, wenn man lange genug nachdenkt, alle angebotenen ‚Lösungen‘,
die nach der Erfahrung unlogisch sind,
nicht zum Erreichen dieses Ziels passen oder bis auf eine Ähnlichkeit nichts
mit dem Thema gemein haben."

„Ziele sind also die Triebfedern?"

„Sooft man nachforscht, immer wird man auf Ziele treffen, die den Menschen angetrieben, strukturiert haben. Sie können gravierend unsere Wahrnehmung ändern: durch die Mittelpunkt–Mechanik.

Stell dir eine ungeheure Menge an Zielen vor, die alle mehr oder weniger miteinander verbunden sind.“

„Du meinst das Gehirn.“

„Ja, die Neuronen, die über die Synapsen Kontakte haben. Es gibt ca. 80 Milliarden Neuronen und 100 Billionen Synapsen im Gehirn. Neuronen bilden Netze, um bestimmte Funktionen ausführen zu können. Das Gehirn besteht ja, etwa neben Gliazellen, vor allem aus Neuronen und Synapsen.

Alles, was sich im Gehirn befindet, läuft nach Gesetzen ab. Die Ziele erzeugen die Mittelpunkte und diese strukturieren den Menschen.“

Wir setzten uns auf eine Bank und sahen den Segelbooten zu, die auf der Alster kreuzten. Es war ein herrlicher Tag.

„Der Mittelpunkt bedeutet die Welt, die erzeugt wird, um ein Ziel zu erreichen", erläuterte dieser.

„Durch ein Ziel wird eine Welt erzeugt?"

„Um ein Ziel zu erreichen, benötigt man eine Struktur. Der Mittelpunkt gestaltet und ist diese Struktur. Er bewertet die Welt und den Menschen und stellt zusammen, was zum Erreichen des Zieles nützlich ist. Alles andere wird mehr oder weniger abgeschirmt."

„Sie meinen, der Mittelpunkt besteht aus den Fakten, die für das Ziel interessant sind? Und bringt den Menschen und die Welt in die entsprechende Form?", hakte Peter nach.

„Wie ich schon sagte:

Der Mittelpunkt ist die Struktur, die ein Ziel aus einem Menschen macht.

Er strukturiert die Wahrnehmung der äußeren Welt und die von einem selbst. Er wählt aus dem aus, was er vorfindet und von dem er meint, dass es einen Wert für das Ziel hat. Er gibt der Welt die Gestalt."

„Das hört sich wirklich an", meinte Peter, „als wenn durch den Mittelpunkt eine neue Welt entstünde."

„So ist es", nickte Phil Osof, „er gestaltet um. Das kann so weit gehen, dass man die Dinge so, wie sie eben noch waren, nicht mehr sieht, weil sie total umgewertet werden.

Der Mittelpunkt kann wie ein Zauberer sein, der alles blitzschnell verändert. So wird eine neue Welt geschaffen. Dadurch entsteht Freiheit, d. h. man nimmt vieles nicht oder nur noch am Rande wahr. Gleichzeitig ist man jedoch auch im Mittelpunkt gefangen und sieht etliches nicht mehr. Es tritt nur noch das in den Vordergrund, was wichtig ist. Alles andere vergeht sozusagen, hat plötzlich keinen Wert mehr."

„So ist der Mittelpunkt gleichzeitig Freiheit und Gefängnis?", wunderte sich Peter.

„So könnte man es ausdrücken."

„‚Mittelpunkte nennen Sie also die Wahrnehmungswelt der Lebewesen?", wollte er wissen.

„Ja, die Welt- und die Selbst-Wahrnehmung. Was und wie Lebewesen wahrnehmen, hängt von ihren Zielen ab, oder anders ausgedrückt: Wir (also unsere Gehirne) bilden die Welt nicht einfach ab, sondern schaffen eine Wahrnehmungswelt auf der Basis unserer Ziele und des jeweiligen Aufnahmespektrums unserer Sinne. Die Menge der Informationen, die zwar der Welt entstammen, die wir (also unser Gehirn) aber letztlich selbst aus unserer menschlichen Sicht formen und nur innerhalb unserer Aufnahmekorridore erfassen können, muss selektiert werden. Dies besorgen die Mittelpunkte. Sie wählen aus, was zu den Zielen passt."

„Ich erinnere mich, dass Sie einmal ausführten: ‚Alles richtet sich nach Zielen aus'".

Wieder nickte Osof. „Lebewesen werden ausschließlich von Zielen gesteuert. Es gibt nichts, was seinen Ursprung nicht darin hätte."

Peter kam noch eine Frage in den Sinn: „Aber ist die Welt eigentlich nicht so, wie sie ist? Wie kann sie mal so und plötzlich ganz anders sein?"

„Wenn sich die Ziele ändern, ändern sich die Substanzen, denn für jedes Ziel werden andere gebraucht. Und wenn sie sich ändern, ändert sich auch die Welt, weil diese durch Substanzen zusammengefügt ist."

„Aus der Sicht des Menschen", warf Peter ein.

„Ja. Aber letztlich ist das, was wir sehen, immer ‚aus der Sicht des Menschen'."

„Dann gibt es eigentlich gar keine ‚Welt an sich'?", war er neugierig.

„Ja und Nein. – Natürlich kann die objektive Welt zum Beispiel mittels der Fotografie abgebildet werden, weil hier zunächst die subjektiven Einflüsse nicht vorhanden sind. Aber auch diese

Abbildungen ergeben sich aus der jeweiligen Perspektive.

Da dies generell so ist, kann man von einer ‚Welt an sich‘ nicht wirklich reden.
Was man aber sagen kann, ist, dass alles aus Substanzen besteht, die nach Gesetzen ablaufen. Dies ist dann letztlich die Welt an sich.

Darüber hinaus gibt es aber besonders seitens der Lebewesen nur Ansichten davon. Jedes Lebewesen sieht sie anders, von dem aus, was ihm wichtig ist. Und diese Sicht gestaltet seine Welt und ihn selbst. Die Welt ist kein starres Gebilde, sondern ein ‚Etwas‘, das unendlich vielfältig von den Lebewesen gesehen werden kann. Und es gibt so viele Welten, wie es Lebewesen gibt.“

„Das würde bedeuten, dass wir selbst die Welt, die wir sehen, durch unsere Ziele machen.“

„Genauso ist es.

Ich glaube, dass, wer auch immer die Welt sieht, sie nur aus seiner eigenen Perspektive erkennen kann.

In der Regel ist dies eine reale menschliche Perspektive, die uns unser Gehirn zeigt – also keine Illusion.

Und: Die **objektive Welt** kann natürlich mittels der Fotographie abgebildet werden – weil hier zunächst die subjektiven Einflüsse nicht vorhanden sind."

„Also kann ein Fotoapparat die Welt objektiv abbilden?"

„Ja, je nach der Einstellung (Entfernung, Auflösung, spezielle Perspektiven).
Der Fotoapparat kann aber auch damit nur eine Momentaufnahme machen."

„Dennoch", schüttelte Peter den Kopf, „bin ich der Meinung, dass die Welt letztlich so ist, wie sie ist und wir uns ihr anpassen müssen, sie also uns gestaltet."

„Natürlich", antwortete Osof.

„Aber ist das nicht ein Widerspruch?", wunderte er sich. „Was gestaltet nun Ihrer Meinung nach was: die Welt uns oder wir die Welt?"

„Zunächst gestaltet unser Gehirn die Welt nach seinen Zielen – vergleicht sie mit dem, was es gespeichert hat. Wenn Differenzen auftreten, die es wiederum nach seinen Zielen sieht (und diese haben eine gewisse Wertigkeit), dann lernt es dazu.

Peter überlegte. „Wir sehen sie also nach unseren Werten (Zielen). Und da jeder seine individuellen Ziele, die seiner Gruppe, seines Landes und die der jeweiligen Wertegemeinschaft in sich hat, sieht er dadurch die Welt.‟

„Genau‟, nickte Osof.

!! Die Welt, die sich uns zeigt, ist zwar zuerst da.
Aber, was der Mensch von dieser sieht bzw. wahrnimmt, entscheidet das Gehirn nach seinen Zielen. !!

Dazu Max Wertheimer[5]: ‚Es gibt Zusammenhänge, bei denen nicht, was im Ganzen geschieht, sich daraus herleitet, wie die einzelnen Stücke sind

---

[5] http://www.lern-psychologie.de/kognitiv/wertheimer.htm

und sich zusammensetzen, sondern umgekehrt, wo sich das, was an einem Teil dieses Ganzen geschieht, bestimmt von inneren Strukturgesetzen dieses seines Ganzen.'

„Und wir sehen immer nur die Welt, die unsere Ziele bilden?"

„Ja", nickte Phil Osof, „in diesem Sinne machen wir die Welt, wir können sie nur aus menschlicher Sicht sehen."

„Das war eine erschöpfende Auskunft", bedankte sich *GP*. „Wie ist Phil Osof auf die Mechanik der Mittelpunkte gekommen?"

„Nun, darauf kann man nur kommen, wenn man sich klar wird, dass alles nach Zielen gestaltet wird. Und Ziele brauchen, um erreicht werden zu können, bestimmte Strukturen. Alles, was nicht dazu beitragen könnte, wird nicht beachtet.

Ein Beispiel: Es stellt sich eine Frage zu einem komplexen Thema. Man findet eine Antwort. Die Folge: Man zieht in der Regel im Anschluss nicht mehr alle Faktoren hinzu, die zu dieser Frage in Betracht gezogen werden könnten, sondern nur noch die Faktoren, die die Antwort, zu der man sich entschlossen hat, unterstützen."

„Das heißt, durch die Festlegung verändert sich der Mittelpunkt?"

„Ja, zuerst war man in dem Mittelpunkt, der alle wesentlichen Fakten berücksichtigt, dann wurden nur noch die gesehen, die die eigene Meinung unterstützten."

„Sollte man mit seiner Antwort nicht richtigliegen, wäre das eine Gefahr für die richtige Antwort", schloss *GP*.

„Genau, alle anderen wesentlichen Faktoren werden plötzlich nicht mehr berücksichtigt."

„Dies sind wirklich interessante Beispiele, wie die Mittelpunkt-Mechanik funktioniert", schloss *GP* nachdenklich.

Zusammengefasst:

Wie das Gehirn arbeitet

> **Das Gehirn (in dem sich auch das ICH mit seinen Zielen befindet), interpretiert alle Informationen und trifft *alle* Entscheidungen nach den in ihm befindlichen Zielen – die kognitive und intuitive Anteile beinhalten.**

▶Das Gehirn führt die Regie und bewegt den Menschen.

▶Es ist nicht so, dass zum einen das Gehirn da ist und zum anderen das ICH, sondern dieses ist im Gehirn integriert und spielt von hier aus seine Rolle.

▶Und um einem weitverbreiteten Missverständnis vorzubeugen: Das Bewusstsein ist nicht das ICH!

Das Gehirn ist ein Interpret: Es deutet die Welt und die Ereignisse so, dass es zu seinen Zielen passt. Es hat die Aufgabe, Wahrnehmungen und Empfindungen (also Informationen) nach den in ihm liegenden Zielen auszulegen und entsprechende Einstellungen und Handlungsanweisungen zu generieren.

(Es bildet die Welt nicht einfach ab, sondern formt sie – nach seinen Zielen.) Dies erfolgt durch die Mittelpunkte (Neuronennetzwerke).

Dazu gehört auch das Antizipieren von Alternativen, und u. a. das Bewusstsein zu fragen, was die jeweilige Problemlösung für Folgen haben könnte (damit es diese erlebt und dem Gehirn Informationen übermittelt) – es sei denn, es meint schon durch Ähnlichkeiten, die es gespeichert hat, die Folgen zu kennen.

Nochmal: Das Gehirn bildet also die Welt nicht einfach ab, sondern formt sie – nach seinen Zielen. Dies besorgen die Neuronennetzwerke (Mittelpunkte).

Alle Entscheidungen für den jeweiligen Menschen werden vom Ge-

hirn im Kopf[6], dem autonomen Nervensystem[7] (plus dem somatischen Nervensystem[8]) und dem Bauchgehirn (enterisches Nervensystem)[9] getroffen.

Zwischen diesen findet ein ständiger Informationsaustausch mittels Neuronennetzen statt.

Wer schon einmal in einer Forschungseinrichtung war, in dem das dauernde Feuern der Neuronen hörbar gemacht wird, bekommt einen Eindruck von den sich im Gehirn abspielenden unzähligen Prozessen.

Das allgemeine Strickmuster des Gehirns ist die Ähnlichkeit; kommt ein

---

[6] https://de.wikipedia.org/wiki/Gehirn

[7] https://de.wikipedia.org/wiki/Vegetatives_Nervensystem

[8] https://de.wikipedia.org/wiki/Somatisches_Nervensystem

[9] https://de.wikipedia.org/wiki/Enterisches_Nervensystem

Impuls, eine Frage oder Anforderung usw. auf, dann sucht es zunächst nach etwas, was adäquat ist.

Das Gehirn unterliegt physikalischen und chemischen Gesetzen. Es läuft, wie gesagt, nach Ähnlichkeiten, Themen und Zielen mit deren Mittelpunkten ab, die es steuern, und besteht aus diversen Arealen, z. B. Amygdala, Hippocampus, Hypothalamus, Kleinhirn.

Sicherlich wird z. B. durch die Augen hauptsächlich das Sehzentrum (Okzipitallappen) im Gehirn aktiviert, durch das Hören das Hörzentrum (der auditive Cortex) usw., aber immer auch gleichzeitig Neuronennetze (Mittelpunkte).

Die ersten sind physische, die zweiten psychische Reaktionen.

Wichtig ist zu wissen, dass diese Areale niemals separat für sich arbeiten, sondern immer über Neuronennetzwerke mit anderen.

Diese wiederum haben Verbindungen zu vielen anderen Netzwerken, sodass letztlich das gesamte Gehirn im Kopf, das autonome Nervensystem (plus dem somatischen Nervensystem) und das Bauchgehirn (enterisches Nervensystem) miteinander verschaltet sind.

Alle Netzwerke entstanden durch Ziele. Die hier jeweils befindlichen Neuronen sind nicht nur an diese gebunden, sondern können via Synapsen auch für andere genutzt werden.

Netzwerke werden jeweils besonders aktiviert durch wesentliche Informationen der Aufmerksamkeit. **Besondere Wertigkeit haben die Gefühle, die immer parallel in den jeweiligen Netzwerken angeregt werden.** Sie sind besonders geeignet, den Menschen zu steuern. Dieser Funktionsablauf erfolgt durch die jeweiligen Ähnlichkeiten im Gehirn, die nur bedingt neue Informationen einschließen.

Wie alles, läuft also auch das Gehirn nach Substanzen ab, die von Gesetzen gesteuert werden.

Auch die Ziele des ICH befinden sich, wie gesagt, im Gehirn. Das ICH besteht aus einer relativ kleinen Menge an Zielen, die aber – bezüglich deren Werte – einen wesentlichen Teil des Gehirns darstellen. Es kann mit seinem Willen und mittels der Information der Wahrnehmung Ziele verstärken oder schwächen, also über die Mittelpunkt-Mechanik des Willensziels andere Ziele im Gehirn beeinflussen.

Allerdings: Wenn man etwas will, dann kann zwar ein Ziel aktiviert, bzw. generiert werden – aber ob dies wirkt, entscheidet die Psyche; und die dann jeweils aktivierten Mittelpunkte im Gehirn mit.

Man erlebt sich nicht als ein vom Gehirn gesteuertes Wesen; weil man dessen Prozesse, bis auf die Entscheidungen, nicht wahrnimmt – wegen der Vielfalt und Schnelligkeit nicht wahrnehmen kann. Daher hat man den Eindruck, dass man selbst entscheidet, mit seinem freien Willen, seinem Bewusstsein.

Nicht zuletzt deshalb herrscht im Allgemeinen die Ansicht vor, dass der Mensch sich mit seinem Bewusstsein selbst steuert und das Gehirn nur ein Hilfsmittel ist.

Wir erleben also, was unsere Sinne uns via Gehirn vermitteln.

Menschen sehen, empfinden das Resultat ihres Denkens, ihres Handelns und meinen, dies hätten sie gemacht (wie gesagt: aus ihrem freien Willen oder mit ihrem Bewusstsein).

Sie irren! Dies hat ihr Gehirn gemacht.

Denn schaut man genauer hin, erfährt man, dass man nicht etwas von seinem Gehirn Getrenntes ist, das von außen auf das Gehirn blickt, sondern man darin integriert ist.

Wenn man sich beobachtet, dann beobachtet das Ziel des Beobachtens, das sich als Mittelpunkt im Gehirn gebildet hat, im Grunde das Gehirn.

Ich möchte nochmal darauf hinweisen, dass insbesondere das Bewusstsein nicht den Menschen steuert. Dies wird einem klar, wenn man sich das Bewusstsein, das lediglich ein Informationslieferant für das Gehirn ist (damit dies seine Entscheidungen besser treffen kann), einmal genauer ansieht.

Es kann jemandem letztlich nur etwas aus seinem Gehirn einfallen. Auch

wenn einem irgendetwas aus der Umwelt einfällt, liegt es immer am Gehirn,
das entscheidet, welchen Wert es
eventuell hat, um berücksichtigt zu
werden.

Jemand fragte mal, ob man denn ein
Sklave seines Gehirns sei.

Meine Antwort: Das Gehirn ist nichts
Fremdes, vom ICH abgetrenntes – wie
es in der Frage mitklang.

Ohne das Gehirn ist man nichts. Mit
dem Gehirn ist man alles das, was
man täglich fühlt, denkt, erlebt usw.
Hier befinden sich eben auch alle Ziele,
die das ICH erreichen will.

Und dieser Wille des ICH kann mit seinen Mittelpunkten über deren Mechanik, bei entsprechender Übung und
günstiger Psyche mehr oder weniger
das Gehirn in entsprechende Strukturen bringen.

Von einer Sklaverei könnte man hier
nur sprechen, wenn man einen schwa-
chen Willen hat, oder ein starkes Ziel
andere (gesunde) Ziele auf Dauer unterdrückt.

Alles, was man wahrnimmt, erkennt, aufnimmt, denkt, was einem einfällt usw., kann Ziele formen, die andere verstärken oder neue generieren. Jedes neue Ziel erzeugt oder verstärkt Synapsen, Neuronennetzwerke, die dann daran arbeiten, dieses Ziel zu erreichen. Sobald sich ein Ziel gebildet hat, kann dies in der Psyche eine Rolle spielen.

Ständig lernt das Gehirn hinzu – über die Verstärkung oder Neubildung der Synapsen.

Deswegen ist es so wichtig, im Gehirn flexibel zu bleiben (dies ist natürlich auch ein Ziel).

Wenn ein Ziel aktiviert wird, etwa wenn man ein Glas ergreifen will, dann agiert ein gelerntes Cluster, das aus Neuronennetzwerken besteht. Dies umfasst diverse Areale im Gehirn, um diese Aufgabe zu erfüllen: Es wird die Entfernung zum Glas abgeschätzt, der Umfang, das Gewicht, welche Muskeln und deren Stärke benötigt werden, um es hochzuheben usw. Dies ist eine Arbeit des Gehirns, die uns selbstverständlich erscheint und in der Regel ohne bewusste Wahrnehmung erfolgt.

Wenn man zwei Menschen beobachtet, die sich lebhaft unterhalten – wie sie sprechen, ihre Körpersprache, den Gesichtsausdruck, das Verändern der Augen usw. –, dann muss man schon staunen, was das Gehirn (und nur dieses verursacht es) alles kann und macht. Dass dies alles von Mittelpunkten kommt, die mehr oder weniger mit- und aufeinander abgestimmt sind. Das Bewusstsein (besser: die Wahrnehmung) sendet lediglich Informationen an das Gehirn, das diese dann nach deren Wert, im Verhalten einbindet.

In aller Regel werden automatische, gelernte Verhaltensweisen verwendet.

Vergessen wird oft und gern, dass Menschen auch nur Lebewesen sind, die sich aus anorganischen Substanzen entwickelten und ebenso wie diese von Gesetzen gestaltet werden.
Der wesentliche Unterschied des Menschen zu den sonsti-

gen Lebewesen ist sein Gehirn mit der Fähigkeit zur Bildung von exorbitanten Neuronennetzwerken, mit denen er Gesetze erkennen und neue Abläufe kreieren kann.
Und – mit dem ihm unendlich viele Fantasiegebilde vorgegaukelt werden können.

Lebenseinstellung mit dem Yin und Yang Begriff

Hinter diesem Symbol steht besonders auch das Streben nach Harmonie im Menschen: Dass Gefühl und Verstand (Kognition) möglichst in einem idealen Verhältnis zueinanderstehen sollten.

Dies gelingt, wenn beide Kräfte gleichwertig sind; zwar gegensätzlich wirken können, aber kein absolutes Streben nach Vorherrschaft erhalten.

Also, dass sie sich mäßigen und gegenseitig ergänzen.

Um dies zu erreichen, sollte man verdächtige Gefühle, die überwältigend seien können, aber eventuell nicht so gesund sind, mit dem Verstand genauer anschauen:

- Welches Thema wollen sie bedienen?
- Warum drängen sie mit dieser Intensität?

Macht man das in ähnlichen Situationen mehrmals und bietet Alternativen an, dann könnte man die Gefühle mit diesem Lernprogramm modifizieren.

Jeder Mensch hat zwei Seiten: Gefühl und Verstand. Beide befinden sich in den weitverzweigten Neuronennetzen, die für die Ausführung sorgen.

Die Kunst ist, diese beiden Welten miteinander zu verbinden.

Gefühle regieren seit Urzeiten das Leben. Anfangs bildeten sich Einzeller. Viel später entwickelten sich Mehrzeller.

Besonders hier herrschen zwei Antriebe vor:

- Die Suche nach Nahrungsquellen
- Und die Erhaltung des Lebens

Das **Gefühl** entwickelte sich vor etwa 3,5 Milliarden Jahren von dem ersten Augenblick, in dem Leben entstand und sich dauerhaft erhalten wollte.

Alle Lebewesen entstanden mit spezifischen Gefühlen (die sich für das Überleben bildeten). Soweit sie Nachkommen erzeugten, wurden auch die Gefühle vererbt.

Der **Verstand** bildete sich sehr viel
später, besonders durch die Konkur-
renz mit anderen Lebewesen um Über-
lebens-Ressourcen.

Verstehen bedeutet, eine Struktur und
deren Veränderungen zu begreifen und
daraus Schlüsse für sich selbst zu bilden.

Dies ist – im Verhältnis zum Gefühl –
ein sehr viel komplizierter und um-
fangreicherer Bereich, der viele Millionen Jahre brauchte, um sich zu entwickeln.

Das Gefühl hat sich als Element der
Lebenserhaltung in alle Bereiche ein-
genistet, und spielt daher eine gewal-
tige Rolle. Besonders, da es den Menschen stark zu etwas drängen kann.

**Allerdings kann es weder denken,
noch überlegen; es ist nicht intelli-**

gent. Es agiert lediglich nach Ähnlichkeiten in der Vergangenheit:

Gefühle sind also Speicherungen, um in identischen Situationen übereinstimmend zu reagieren. Was früher in gleichen Situationen positiv oder negativ war, wird auf das Heute übertragen und mit dem entsprechendem Verhalten begegnet. Dadurch können Gefühle einen starken Druck ausüben, der kognitiven Änderungsversuchen Widerstand leistet. Infolgedessen kann man sich auch falsch verhalten; Weil man deswegen inadäquat auf die aktuelle Situation reagiert.

Gefühl und Verstand stehen sich nicht selten konträr als Gegensätze gegenüber.

Nun hat in der Regel weder die eine noch die andere Seite uneingeschränkt ‚Recht‘.

Daraus folgt, eine Vereinigung dieser Gegensätze anzustreben.

Also ähnlich, wie es im Yin und Yang-Symbol zum Ausdruck kommt.

Sie sind unzertrennlich und keine der beiden Kräfte sollte der anderen dauerhaft überlegen sein.

Ohne die eine Seite wäre die andere ziemlich blind (auch durch die Mittelpunkt-Mechanik).

Sie sollten sich daher möglichst in einem gesunden Gleichgewicht befinden.

Epilog

Zum Schluss möchte ich besonders an diese 3 natürlichen Grundlagen, von denen wir (gewollt oder nicht) gestaltet werden, erinnern:

1. <u>Tiefliegende Antriebe in jedem Menschen</u>

▶ *Lebens-Komplex:* Solange zu leben, wie es irgendwie geht, egal unter welchen Umständen.

▶ *Erzeuger-Komplex:* Die Triebfeder, Nachkommen zu erzeugen, egal unter welchen Umweltbedingungen.

▶ *Komplex, jemandem zu folgen:* Die Hingabe an jemanden, dem besondere Fähigkeiten zugesprochen werden und man bis zur Blindheit vertraut.

2. <u>Gott</u>

Aus dem letzten (**Komplex, jemandem zu folgen**), findet sich, mit hoher Wahrscheinlichkeit, die eigentliche Ursache, aus der sich der Begriff „Gott" gebildet hat.

Es ist in der Regel schwierig, sich den Gefühlen, die sich vom Anfang des Lebens der Mehrzeller bis in die Gegenwart gebildet und in der Psyche eingelagert haben, zu entziehen.

Eine Hilfe wäre, die kognitiven Fähigkeiten des Menschen zu nutzen; aber auch damit sind diese Gefühle oft nur schwer zu beeinflussen.

3. <u>Naturgegeben-Vorbestimmt</u>

Dass alles so kommen musste, wie es kam, wird von zwei Seiten belegt:

▶Identische Teile unter identischen Umständen ergeben **immer** identische Strukturen.

▶Mit der statistischen Wahrscheinlichkeitsrechnung können Mathematiker sehr genaue Vorhersagen über Quantensysteme erstellen. Dies wäre nicht machbar, wenn hier Gesetzlosigkeit herrschen würde.

Und noch einmal etwas Wesentliches:

Vergessen wird oft und gern, dass Menschen auch nur Lebewesen sind, die sich aus anorganischen Substanzen entwickelten und ebenso wie diese von Gesetzen gestaltet werden. Der Hauptunterschied von anorganischen Substanzen zu Organischen ist **das Ziel des Überlebens.**

Der wesentliche Unterschied des Menschen zu den sonstigen Lebewesen ist sein Gehirn mit der Fähigkeit zur Bildung von exorbitanten Neuronennetzwerken, mit denen er Gesetze erkennen und neue Abläufe kreieren kann.

Und – mit dem ihm unendlich viele Fantasiegebilde vorgegaukelt werden können.

Wie etwa die angebliche Rolle des Bewusstseins:

Tatsächlich hat man, bis in das 21. Jahrhundert hinein, gemeint, dass Bewusstsein die aus der menschlichen Sicht geglaubte reale (gegenständliche) Wahrnehmung der Welt ist, die das Gehirn dann aufnimmt:

Nämlich, dass die Umwelt Reize sendet, die die Sinne der Menschen aufnehmen und in das Innere des Gehirns leitet, das damit die Welt erkennt.

Mit diesem Bild hätte er dann seine freien Entscheidungen getroffen.

Diese Art Wahrnehmung konnte nie wissenschaftlich belegt werden.

Schließlich:

> Lassen Sie mich noch ein paar grundsätzliche Worte zu dem Verhältnis zwischen meinen (potenziellen) Lesern und mir sagen:
>
> Menschen werden von Zielen geleitet. Diese können, bzw. werden durch die Mittelpunkt-Mechanik beeinflusst. Auch derart, dass, was gegen sie spricht, weniger oder gar nicht wahrgenommen wird.
>
> **Von diesen Abläufen merkt man in aller Regel nichts, weil es zur Routine gehört, die das Gehirn täglich ausführt.**

Diese Einflussnahme trifft auf einen relativ großen Teil meiner Darstellungen bezüglich der Wahrnehmung durch die Leser zu.

Für die meisten ist das eine Beschreibung, die nicht zu ihrem Menschenbild passt.

Das ist bedauerlich.

Aber es geht mir nicht darum, solche Erwartungen zu bedienen, sondern zu

schreiben, was ich durch meine Nach-
forschungen gelernt habe.

Weitere Bücher von mir:

- Blindheit der Klugen
- Blindness of the wise
- Midpoint of the psyche
- Die Entzauberung des Bewusstseins (geänderte Auflage)
- The disenchantment of consciousness
- Was Gläubige wissen sollten
- What Believers Should Know
- Die Nicht-Entstehung des Universums
- The non-creation of the universe
- Wutgefühle: (Wie Gefühle entstanden und den Menschen bewegen)
- Feelings of anger: (How feelings arose and move people)
- Die Welt ohne Metaphysik: (Eine klare Sicht auf den Menschen und die Welt)
- The world without metaphysics: (A clear view of human and the world)
- 3 Gründe: Psychologische Grundlagen des Menschen ●●● Physikalische Grundlagen der Welt ●●● Betrachtungen des Glaubens
- 3 Basics of human beings